Clavícula de Salomão

As Chaves da Magia Cerimonial

Clavícula de Salomão

As Chaves da Magia Cerimonial

1ª edição
3ª reimpressão

PALLAS

Rio de Janeiro
2015

Produção editorial
Pallas Editora

Revisão
Gustavo André Ramos Inubi
Marcor Roque

Capa e Projeto Gráfico
Anna Amendola

CIP-BRASIL. CATALOGAÇÃO-NA-FONTE.
SINDICATO NACIONAL DOS EDITORES DE LIVROS, RJ.

C555
1ª ed.
3ª reimpr.

Clavícula de Salomão: as chaves da magia cerimonial / organização e apresentação Irene Líber – Rio de Janeiro: Pallas, 2015.

ISBN 978-85-347-0351-2

1. Ciências ocultas. I. Líber, Irene.

03-1815

CDD 133.4
CDU 133.4

Pallas Editora e Distribuidora Ltda.
Rua Frederico de Albuquerque, 56 – Higienópolis
CEP 21050-840 – Rio de Janeiro – RJ
Tel./fax: (021) 2270-0186
www.pallaseditora.com.br
pallas@pallaseditora.com.br

PALLAS

SUMÁRIO

APRESENTAÇÃO

A *Clavícula de Salomão* é o mais antigo tratado de magia cerimonial européia. A palavra *clavícula* significa *chave pequena*. A obra leva este nome porque apresenta o que, na época da sua elaboração, considerava-se serem as chaves, ou seja, as regras secretas para a execução de operações mágicas. Embora seja mais conhecido em língua portuguesa pelo título aqui empregado (originário da versão francesa), o livro também foi intitulado (em inglês e francês) *As Verdadeiras Clavículas de Salomão, Chave do Rei Salomão, Chave dos Segredos da Magia do Rabino Salomão, Livro de Salomão, Chave do Conhecimento de Salomão e Grande Chave do Rei Salomão* (distinto da *Pequena Chave de Salomão ou Lemegeton*).

Um Pouco de História

Segundo os historiadores do assunto, e ao contrário do que seu título sugere, este livro não foi escrito pelo rei Salomão. A atribuição de uma obra a um personagem famoso era um recurso literário muito utilizado na Antiguidade e na Idade Média européia. Freqüentemente, naquele tempo, os livros eram escritos por mais de uma pessoa: eram o resultado do esforço comum de um grupo de estudiosos e, muitas vezes, consistiam em uma compilação de materiais transmitidos oralmente há muito tempo, sem que fosse possível atribuir-lhes um autor específico. Além disso, não havia, na época, o conceito de dreito autoral, pois escrever livros não era um ofício específico, mas um acessório de outras atividades como o magistério e a vida religiosa. Por esses motivos, era comum que os escritores não se preocupassem em ter o nome associado à obra, mas que escolhessem uma espécie de patrono – um grande sábio dos tempos antigos, uma divindade ou um personagem lendário – para ser seu autor oficial, em vez de lançá-la com o próprio nome. Essa prática tinha a vantagem de dar credibilidade ao material, o que poderia não ocorrer se ele fosse atribuído a um autor sábio mas desconhecido; além disso, o escritor verdadeiro ficava protegido de qualquer perigo, caso o texto publicado fosse objeto de alguma polêmica religiosa ou política – o que poderia levar seu autor à prisão ou à morte. Foi certamente por estas razões que Salomão, autor de vários livros de sabedoria incluídos nas escrituras judaico-cristãs e reputado, dentro da tradição mística, um grande mago e conhecedor dos segredos do saber oculto, foi o nome escolhido para patrocinar essa obra pioneira.

As características do seu conteúdo permitem localizar as raízes da *Clavícula de Salomão* no gnosticismo (heresia cristã muito difundida na Ásia menor, nos primeiros séculos da Era Comum) e na cabala (forma de misticismo judaico que floresceu a partir do século XII E. C. e que foi adotada pelos místicos cristãos). Segundo os estudiosos, isso indica que o livro deve ter sido escrito no Império Bizantino, nesse mesmo século XII ou um pouco antes. Sabe-se que uma versão em língua grega era conhecida no tempo do imperador Manuel I Commenus (que reinou em Bizâncio entre 1143 e 1180) e que, nessa mesma época, começou a circular na Europa ocidental uma versão em latim.

A partir do século XIV, surgiram na Europa ocidental versões traduzidas para o francês e o inglês, pretensamente reveladas pelo *rei Ptolomeu, o Grego*, ou traduzidas do hebraico para o latim pelo *rabino Abognazar* (claramente dois personagens imaginários). Cópias manuscritas e impressas dessas versões, cujos autores declaram ter sido fiéis ao texto original hebraico ou latino (embora existam diferenças entre elas), foram preservadas na Biblioteca Nacional da França e na Biblioteca Britânica; elas permitiram que, no século XIX, autores como o inglês MacGregor Mathers e o francês Éliphas Levi recuperassem essa obra em uma forma provavelmente bem próxima da original, comparando as diversas versões disponíveis e adaptando o texto para uma linguagem razoavelmente moderna.

---

* "Era Comum" é a designação utilizada atualmente no lugar de "Era Cristã", por ser a referência de tempo do calendário civil desvinculado da religião.

A Goécia

Escrita sob a forma de uma conversa entre o rei Salomão e seu filho Roboão, ao qual o rei ensina seus segredos de magia, a obra é dividida em duas partes. A primeira delas descreve passo a passo as práticas realizadas durante a execução do trabalho mágico, além de apresentar encantamentos para diversas finalidades; a segunda discorre sobre os diversos objetos e materiais utilizados na magia cerimonial. De modo geral, os encantamentos e as técnicas de preparação do mago e do material são centrados em orações nas quais são exaustivamente repetidos muitos nomes hebraicos e gregos de Deus, de anjos e demônios, além de fórmulas mágicas compostas em latim ou hebraico mais ou menos distorcidos.

A *Clavícula de Salomão* expõe as regras da goécia, a parte da magia dedicada à invocação dos espíritos que povoam o mundo oculto, com o objetivo de obrigá-los a realizar alguma ação ordenada pelo mago. A goécia é um ramo da magia cerimonial, nome dado à forma específica de magia desenvolvida por eruditos europeus na Idade Média. A magia cerimonial opôs-se à magia natural derivada das religiões agrícolas pré-cristãs, mais apropriadamente chamada de feitiçaria por trabalhar com feitiços (encantamentos, amuletos, poções mágicas, simpatias etc.). Praticada principalmente por mulheres do povo, que também eram as parteiras e curandeiras das aldeias rurais, a feitiçaria destinava-se a resolver os problemas quotidianos das pessoas, como o desejo de casar, a necessidade de conseguir um trabalho, a dificuldade para ter filhos, uma doença ou um problema de relacionamento amoroso, familiar ou social. Já a magia cerimonial, masculina, urbana e elitista, enraizada nos conceitos e nas práticas dos misticismos judaico e cristão, era uma forma de magia erudita, praticada principalmente por religiosos de alto escalão, que tinham possibilidade de estudar a ciência e a filosofia da época e que visavam, por meio das técnicas sobrenaturais, adquirir sobre os indivíduos, as coisas e a natureza um poder pessoal que não teriam por meios comuns.

É fácil perceber à primeira vista a diferença entre os dois tipos de magia. A natural preservou o antigo calendário das religiões agrícolas, que comemoravam as datas do início e do meio das quatro estações do ano, os grandes marcos do ciclo vital de plantas e animais. Já a cerimonial é completamente desvinculada desses marcos naturais e segue calendário e horário resultantes da imagem do mundo como ele foi reconstruído teoricamente pela filosofia clássica: um universo formado por círculos concêntricos, cada um habitado e dirigido por uma legião de seres sobrenaturais, pertencentes a dois mundos opostos mas exatamente espelhados, o dos anjos e o dos demônios; desta forma, todo ser, animado ou inanimado, todo lugar e todo evento eram governados e protegidos por duas entidades opostas: uma totalmente boa, celeste e espiritual - seu anjo –, e outra totalmente má, terrestre e material - seu demônio. Enquanto a magia natural cultuava os deuses e deusas da natureza, responsáveis pelos ciclos naturais da vida e do clima, a cerimonial buscava o contato com esses espíritos bons e maus, considerados representantes de Deus (ou do demônio) que receberam a tarefa de governar o mundo material e que, portanto, teriam pleno poder para realizar, dentro de seus domínios, até mesmo maravilhas contrárias às leis da natureza.

O tipo de entidade invocada pela goécia expressa claramente as principais preocupações do pensamento cristão em seus primeiros séculos de desenvolvimento. Na Idade Média, o que mais obcecava os meios religiosos cristãos era o poder do demônio. Esse foi o tempo do florescimento da demonologia como disciplina teológica, do exorcismo como prática religiosa e do satanismo como corrente mística individualizada. Alinhados com essas idéias, os magos desejavam o poder dos demônios por pensarem que ele era muito máior que o dos anjos para realizar seus desejos, uma vez que aos anjos não interessavam os fatos e objetos do mundo material; e o que os magos buscavam era sempre algum elemento desse mundo, como poder, riqueza ou vingança. Por este motivo, excetuando-se algumas referências a forças da natureza, como os espíritos elementais, grande parte do material mágico escrito na época consistia em operações de magia negra e invocações demoníacas. Mesmo nos casos em que Deus era invocado, o objetivo era obrigar os demônios a obedecer ao mago; e mesmo quando eram invocados *espíritos*, estes nada mais eram que demônios, como mais cedo ou mais tarde era dito nos textos cerimoniais. Os anjos ficavam com as funções de proteger o mago e emprestar sua força para favorecer a realização de um desejo relacionado com seu campo de influência. Mesmo neste último caso, porém, muitas vezes o mago invocava o demônio, e não o anjo do planeta que governava o assunto do seu desejo, por considerá-lo mais adequado para atendê-lo.

Entretanto, esses magos, embora desejassem usar as entidades demoníacas para atingir seus propósitos, tinham muito medo delas, pois consideravam que elas, com seu grande poder e maldade, poderiam arrastá-los para o pecado e assim arruinariam para sempre suas chances de ir para o Paraíso, arremessando-os em sofrimentos eternos. Por isso, ocultavam-se atrás do poder de Deus para tentar proteger-se dos demônios que atraíam para junto de si. Na prática, o que faziam era repetir, em orações e exorcismos, muitos nomes pelos quais Deus é designado nas disciplinas místicas judaico-cristãs, intimando os espíritos a respeitar e obedecer a esses nomes, considerados possuidores de poder em si mesmos; e prostrar-se diante de Deus através de confissões e orações em que se penitenciavam de pecados reais ou imaginários, humilhando-se na esperança de mostrar-se merecedores do auxílio divino para satisfazer suas ambições materiais.

Quando lemos esses antigos manuais de magia, não podemos deixar de reparar na qualidade mecânica dos procedimentos propostos. Podemos imaginar um pequeno grupo de magos, assustados e trêmulos pela expectativa de defrontar-se com uma legião de demônios, esforçando-se para recitar, em voz alta e forte, seus exorcismos e invocações. É claro que nada disso poderia funcionar. Eles esperavam manifestações vindas do exterior; entretanto, hoje em dia sabemos que a base de todo trabalho de magia é uma mudança interna, uma alteração no estado de consciência que possibilita a visualização das forças que desejamos mobilizar. Essa mudança de consciência somente ocorre quando a pessoa está tranqüila e com a atenção voltada para o seu próprio interior: pessoas tensas e amedrontadas nada poderão obter e seu ritual estará fadado ao fracasso.

É por isso que encontramos nos antigos tratados mágicos tantas alternativas de orações, invocações e práticas intimidatórias contra os espíritos, destinadas a forçá-los a obedecer ao mago; pois certamente, no estado de espírito em que esses indivíduos crédulos e medrosos agiam, nenhuma visualização era possível, o que eles interpretavam como uma recusa à obediência por parte dos demônios. Para remediar isso, multiplicavam as exortações, empregando fórmulas cada vez mais extensas e autoritárias, na ilusão de que assim obrigariam os espíritos a realizar seus desejos. Como resultado dessa multiplicidade de orações, esses manuais chegavam a ser confusos e repetitivos, como pode ser verificado nas diversas versões da *Clavícula de Salomão*.

Hoje em dia, os verdadeiros mestres de magia sabem que o modo correto de trabalhar consiste em concentrar-se e abrir a mente para as formas evocadas, repetindo calma e atentamente invocações simples e objetivas, ou simplesmente mantendo na mente a idéia clara do que se deseja evocar, e aguardando com tranqüilidade até que as forças em questão sejam visualizadas ou percebidas de alguma outra forma (como sons, sensações no corpo etc.). As fórmulas prontas, repetidas mecanicamente sem que tenhamos noção do que significam, também são pouco úteis. Existem algumas normas básicas a serem seguidas na elaboração das fórmulas mágicas, que somente são aprendidas com o tempo e a experiência; este é o único motivo que torna conveniente que o principiante utilize fórmulas já consagradas, para evitar erros, pois faz parte da Arte Mágica a habilidade de criar seus próprios encantamentos e cerimoniais, com textos e procedimentos que atendam com exatidão aos objetivos específicos do mago em um determinado momento. As complicadas, obscuras e extensas orações dos antigos manuais são hoje pouco mais que meras curiosidades; valem mais quando seus textos são simplificados, restando apenas aquilo que é essencial e que pode ser usado na aprendizagem da Arte.

Também sabemos hoje que não devem ser esperados grandes resultados logo da primeira vez em que realizamos esses experimentos. Magia é trabalho duro e continuado, que exige disciplina e aplicação. O pretendente a mago deve saber com clareza o que deseja e como precisa agir para obtê-lo; deve treinar muitas vezes até conseguir visualizar seu círculo mágico e os espíritos invocados; somente então poderá considerar-se capaz de realizar as maravilhas da Grande Arte.

Uma Visão Moderna

Quando a Editora Pallas me encomendou a tradução desta obra clássica, vime diante de um dilema. Por um lado, considerando o seu valor histórico, eu julgava, a princípio, que seria interessante divulgar uma versão que se aproximasse ao máximo do texto original; por outro lado, entretanto, eu via claramente as limitações que essa alternativa imporia à possibilidade de utilização efetiva da obra por seus leitores.

Embora seja um bom manual de magia cerimonial, a *Clavícula de Salomão* original peca em alguns aspectos, pelo menos do ponto de vista do leitor atual. Para começar, seu conteúdo não é completo de acordo com seus próprios objetivos, embora seja prolixo e mesmo repetitivo em relação a alguns temas. Por exemplo, o Círculo da Arte é descrito mais de uma vez, com aparentes contradições entre as várias versões cujas causas não ficam muito claras para quem ainda não tem conhecimento do assunto. Além disso, embora materiais importantes, como os perfumes e defumadores, sejam citados como componentes básicos dos rituais, não há informações objetivas sobre eles. A aprendizagem da Arte exige uma grande soma de conhecimentos, pois utiliza as forças da natureza, dos espíritos dos astros, da água, do ar, do fogo e da terra. Os antigos textos dos manuais de magia não contêm muitas informações a esse respeito, talvez por terem sido escritos por e para pessoas que já dominavam esse conhecimento. Hoje em dia, entretanto, não é comum que encontremos certos dados com facilidade, e quem quiser aprofundar-se seriamente na magia cerimonial precisa realizar um trabalho exaustivo de pesquisa para obter dados que se encontram dispersos em muitas publicações. Daí a conveniência de inserir esses dados nos manuais de magia.

As repetições, omissões e inversões de ordem tornam o texto original confuso, mesmo para quem conhece o tema. Posso imaginar como seria de difícil entendimento para alguém que estivesse fazendo o primeiro contato com o assunto: lendo-o com a esperança de aprender como se realiza um ritual mágico, essa pessoa ficaria perdida entre diversos detalhes, sem saber o que é essencial ou secundário. Além disso, percebi que o material poderia ser reorganizado de modo a torná-lo de mais fácil utilização: não faz muito sentido estudar primeiramente a descrição de uma cerimônia, com fartas referências a materiais diversos, que só iremos aprender a fazer no final do livro.

Outro detalhe importante é a enorme diferença entre os materiais existentes no século XII e os disponíveis no século XXI. Alguns magos, bem intencionados mas mal-informados, pensam que as cerimônias da Arte somente terão valor se forem utilizados os materiais descritos nos antigos manuscritos: pergaminhos feitos do couro de um animal morto pelo próprio mago, penas de ganso para escrever, tintas feitas em casa, lâmpadas de barro onde se queima azeite. Entretanto, um grande mestre falou, certa vez, que o verdadeiro mago é aquele que sabe como transformar um pedaço de arame em uma espada ritual. O que ele queria dizer é que o fundamental nos materiais e instrumentos utilizados em magia é sua essência, seu simbolismo e sua consagração à Arte; nada impede, e é até mesmo desejável, que o mago utilize os materiais disponíveis no seu tempo: usar sua criatividade para produzir seus instrumentos e dar-lhes poder já é uma forma de magia. Essa orientação torna-se crucial especialmente no momento atual, quando todo o movimento ligado à magia *do bem* direciona-se ativamente para a consciência ecológica e a preservação da natureza, que afinal de contas é a nossa grande deusa, a Mãe-Terra. Seria, portanto, uma incoerência se mantivéssemos práticas indesejáveis como o sacrifício inútil de animais, o desperdício e o uso de materiais e técnicas poluentes.

Por todas essas razões, optei por fazer uma adaptação do texto original, respeitando seu conteúdo básico, mas reorganizando-o, dando-lhe uma forma mais clara e atualizada, e completando-o com os dados essenciais para um bom trabalho de magia, adaptados, sempre que necessário, para o Hemisfério Sul – já que esta versão, ao contrário da original, é destinada especificamente aos habitantes desta parte do mundo.

A presente versão é dividida em duas partes. A primeira consiste na descrição de alguns conceitos básicos, dos materiais e instrumentos mágicos, adaptada para as concepções mais modernas da Arte e organizada de forma a eliminar as repetições e a tornar mais clara a seqüência dos procedimentos descritos no livro. A segunda parte contém rituais mágicos para diversas finalidades, seguindo em linhas gerais o roteiro da obra original. Desejo ressaltar que, embora tenha feito essa adaptação, preservei ao máximo a linguagem da obra original, particularmente no "Discurso Preliminar" e na "Introdução", que apresentam uma tradução quase literal do texto encontrado nos antigos manuscritos. Entretanto, deve ficar claro que o presente livro não é apenas uma tradução da obra medieval, livre para ser copiada, mas um moderno manual de goécia que, embora se tenha inspirado e baseado nesse original, foi produzido expressamente para a Editora Pallas.

Os entendidos na Arte saberão apreciar a utilidade desse material, que pretende ser um manual objetivo e claro para todos os interessados em magia cerimonial.

Irene Liber

DISCURSO PRELIMINAR

Palavras de Salomão

O prólogo do *Livro da Clavícula de Salomão*, que contém o segredo de todos os segredos das artes mágicas e nigromânticas, começa com uma declaração que fez o grande sábio quando sentiu que sua morte estava próxima.

– Guarde, meu filho Roboão, a sabedoria das minhas palavras, visto que eu, Salomão, as recebi do Senhor.

Roboão respondeu:

– Como poderei ser digno de seguir neste assunto o exemplo de meu pai Salomão, que mereceu receber o conhecimento de todas as coisas vivas através dos ensinamentos do Anjo de Deus?

E Salomão disse:

– Escute, meu filho, acolha as minhas palavras e aprenda sobre as maravilhas de Deus. Para que você compreenda melhor como eu cheguei a esse grau de conhecimento, é necessário dizer que um dia, quando estava meditando sobre o poder do Ser Supremo, o Anjo do Senhor apareceu diante de mim. Isso ocorreu certa noite quando, antes de adormecer, eu invoquei o mais sagrado Nome de Deus, IAH, e orei à Inefável Sabedoria, dizendo: **Oh, quão maravilhosas são as obras do Senhor!**

Então, quando eu ia fechando os olhos, subitamente vi, no fim de um arvoredo densamente sombrio, uma luz com a forma de uma estrela flamejante, que me falou com voz de trovão: **Salomão, Salomão, não desanimes; o Senhor está decidido a satisfazer teu desejo, dando-te o conhecimento do que mais te agrade. Ordeno que peças aquilo que desejas.**

Recobrando-me da surpresa, respondi ao anjo que, de acordo com o desejo do Senhor, eu só queria o dom da sabedoria. Então o Anjo do Senhor, chamado Hamadiel, falou-me amavelmente desta forma: **Escuta, Salomão, tua prece ao Mais Alto não foi em vão. Não pedistes uma vida longa, nem grandes riquezas, nem a alma de teus inimigos, mas sabedoria para exercer a justiça. Então o Senhor falou: – De acordo com o teu pedido, dou-te um coração sábio e compreensivo, como nunca houve igual antes nem haverá depois de ti.**

Após ouvir esse discurso, eu percebi que, pela graça de Deus, havia recebido o gozo de todos os tesouros celestiais e o conhecimento de todas as coisas naturais. Existia em mim o conhecimento de todas as criaturas, das coisas que estão no céu e das que estão abaixo dele; vi que todos os escritos e toda a sabedoria da época atual são vãos e fúteis, e que nenhum homem é perfeito. É por isso, meu filho, que eu tenho todas as virtudes e riquezas de que hoje você me vê possuidor.

Sentindo-me perto de morrer, e sabendo que de todas as ciências nenhuma é mais útil que o conhecimento dos movimentos celestes, eu considerei minha obrigação pensar nisso para deixar-lhe uma herança mais preciosa que todas as riquezas de que gozei. Então eu compus uma obra na qual registrei o segredo dos segredos, escrito de modo que se mantivesse oculto, e na qual também coloquei os mistérios e experimentos das artes mágicas de todos os mestres. Chamei essa obra de **Chave** porque, como uma chave abre uma sala de tesouros, essa obra sozinha pode abrir o conhecimento e a compreensão das artes e ciências mágicas. Nela estão ocultos todos os segredos e mistérios que podem ser realizados; o que está registrado em relação a uma simples adivinhação ou a um único experimento é o mesmo que pode ser feito em relação a todas as coisas que existem no universo, que já existiram e que existirão no futuro.

Portanto, meu filho, você deve estudar todos os experimentos, meus e de outros, e preparar tudo adequadamente para eles, conforme verá que eu anotei, observando dia e hora apropriados, e providenciando todas as coisas necessárias; porque sem isso encontrará apenas falsidade e futilidade nesse trabalho. Em seguida eu ordeno, meu filho Roboão, pela bênção que você espera de seu pai, que faça um escrínio de marfim e nele guarde e esconda essa minha Chave; e quando eu tiver ido para junto de meus pais, imploro que coloque esse escrínio em meu sepulcro junto a mim, para que em nenhum momento ele possa cair em mãos iníquas.

O Destino da Chave dos Segredos

Como Salomão mandou, assim foi feito.

Muito tempo depois, alguns filósofos da Babilônia foram ao sepulcro, que estava em ruínas; reunidos em conselho, decidiram reconstruí-lo para honrar o rei Salomão. Quando o sepulcro foi aberto para ser reparado, o escrínio de marfim foi encontrado, sendo descoberta a Chave dos Segredos. Os sábios a tomaram com alegria mas, quando a abriram, nenhum entre eles pôde compreendê-la, por causa da obscuridade das palavras, de seu arranjo secreto e do caráter oculto do conhecimento descrito; e eles nada entenderam porque não mereciam possuir esse tesouro.

Mas um entre eles, chamado Iohé Grevis, mais merecedor que os outros, tanto por ser bem-visto por Deus, quanto por causa da sua idade avançada, pensou:

– Enquanto não pedirmos a interpretação a Deus, com lágrimas e súplicas, não atingiremos o conhecimento do que está aí escrito.

Então, quando os outros foram dormir, Iohé, lançando-se com a face sobre o solo, começou a chorar e, golpeando o peito, falou:

– Sinto que sou mais digno que os outros pois, embora tantos homens não possam nem entender nem interpretar os conhecimentos secretos, não há mistério na natureza que o Senhor mantenha oculto de mim! Mas por que essas palavras são tão obscuras? Por que me mostro tão ignorante?

E de joelhos, estendendo as mãos para o céu, falou:

– Deus, criador de todas as coisas, vós que conheceis tudo, que destes tão grande sabedoria a Salomão, filho do rei Davi; concedei-me, eu vos imploro, ó Santo Pai onipotente e inefável, a virtude da sabedoria para que eu possa, com vosso auxílio, compreender essa Chave de Segredos.

Imediatamente surgiu diante dele o Anjo do Senhor, dizendo:

– Lembre-se de que, se os segredos de Salomão lhe parecem ocultos e obscuros, o Senhor quis que assim fosse, para que esse saber não caia em mãos iníquas. Você pode prometer que sua arte não permitirá que tão grande sabedoria chegue a qualquer criatura viva e que, quando você a revelar a alguém, fará com que saiba que deve guardar o conhecimento consigo, pois de outra forma os segredos serão profanados e nenhum efeito será deles obtido?

Iohé respondeu:

– Eu prometo que nada revelarei aos outros, salvo para a glória do Senhor; e o farei com muita disciplina, apenas para pessoas penitentes, discretas e fiéis.

Então o anjo falou:

– Vá e leia a Chave; suas palavras, que eram obscuras, serão completamente claras para você.

Depois disso, o anjo subiu ao céu em meio a uma labareda.

Alegre e com a mente lúcida, Iohé entendeu o que o Anjo do Senhor havia dito. Pegando o livro, viu que a Chave de Salomão havia mudado: agora ela lhe parecia clara em todas as partes. Depois de lê-la, Iohé entendeu por que essa obra não poderia cair nas mãos dos ignorantes, e falou:

– Eu o conjuro, aquele em cujas mãos esse segredo possa cair, pelo poder do Criador e por sua sabedoria que, qualquer que seja o objeto que ele deseje, pretenda e faça, não revele este tesouro para pessoa indigna nem o manifeste para qualquer um que seja ignorante ou que não tenha fé em Deus. Porque, se ele agir de outro modo, eu rogo a Deus que ele nunca seja digno de obter o resultado que procura.

A seguir ele depositou a Chave, como Salomão determinara, no escrínio de marfim. Mas registrou as suas palavras, que são as que se seguem, divididas em dois livros mostrados em ordem.

INTRODUÇÃO

O grande segredo da magia cerimonial, a chave para o sucesso na Arte, está no conhecimento da natureza das forças que o mago atrai para auxiliá-lo. Quando você conjurar as forças que povoam o mundo oculto, lembre-se de que estará sendo cercado pelos espíritos dos elementos da natureza e pelos que regem e habitam os planetas. A magia do bem, também chamada Magia Branca, não realiza a invocação dos espíritos dos mortos (que é também chamada de necromancia); esta é uma prática da Magia Negra, que você deverá deixar de lado se não quiser arriscar-se a passar por grandes perigos e a perder sua alma nessa prática condenada por Deus, que criou o mundo dos mortos e o dos vivos para que ambos permanecessem separados pela eternidade.

Preste atenção ao que vou relatar e retenha com cuidado o que vou falar, pois eu asseguro que, se assim fizer, as graças de Deus lhe serão familiares e as criaturas celestes e terrestres lhe serão obedientes, pois você dominará uma ciência que age pela força e pelo poder das coisas naturais e dos anjos puros que as governam. Deles eu darei os nomes, seus exercícios e empregos particulares a que são destinados, junto com os dias a que presidem, para que você possa realizar tudo que encontrará neste documento. Em tudo eu lhe prometo sucesso, desde que todas as suas obras se destinem à glória de Deus, o qual nos deu o poder de governar, não somente as coisas terrestres, mas também as celestes, através dos anjos, dos quais podemos dispor segundo a nossa vontade, obtendo deles consideráveis serviços.

Primeiramente é necessário que você entenda que Deus, tendo feito todas as coisas submetidas ao seu poder, quis aperfeiçoar sua obra, criando um ser que participasse tanto das obras divinas quanto das terrestres; então ele criou o homem, cujo corpo é grosseiro e terrestre, enquanto a alma é espiritual e celeste. A ele Deus submeteu toda a Terra e seus habitantes; e deu-lhe os meios para submeter os anjos familiares, como são chamadas essas criaturas celestiais, algumas destinadas a regular o movimento das estrelas, outras a habitar os elementos, outras a ajudar e dirigir os homens, e outras ainda a entoar contínuas preces ao Senhor. Você pode então, usando seus selos e caracteres, torná-los seus familiares, embora tomando cuidado para não abusar desse privilégio pedindo-lhes coisas contrárias à sua natureza; porque será maldito todo aquele que invocar em vão o nome de Deus e empregar para maus propósitos os conhecimentos e bens com que ele nos enriqueceu.

Não pense, entretanto, que não lhe será permitido aproveitar a boa sorte e a felicidade que os espíritos divinos podem dar-lhe; ao contrário, dá-lhes grande prazer prestar serviços ao homem, com o qual muitos desses espíritos têm grande semelhança e afinidade, tendo-os Deus destinado à preservação e guia das coisas terrestres submetidas ao poder do homem.

Grave cuidadosamente na memória tudo o que eu lhe digo, para nunca mais esquecer. Se você não pretende usar para um bom propósito os segredos que aqui lhe ensino, ordeno que lance este livro ao fogo, em vez de abusar do poder que terá pela coerção dos espíritos; pois eu aviso que os espíritos, desgastados e cansados por causa de seus pedidos ilícitos, fá-lo-ão arrepender-se segundo os desígnios de Deus, da mesma forma como o farão a todos aqueles que, com má intenção, abusarem desses segredos que Ele revelou.

LIVRO I

~ Fundamentos da Arte Mágica ~

Quando quiser realizar qualquer operação mágica, você deve começar o trabalho preparando com antecedência todo o material necessário para seu objetivo. Esse material inclui seu vestuário ritual; os instrumentos da Arte que, ao começar a realizar suas atividades mágicas, você já deverá ter adquirido e consagrado; e os materiais necessários para a operação específica que pretende executar. Além disso, você deverá escolher onde e principalmente quando o ritual será realizado. Tudo isso você irá aprender a partir de agora, no primeiro livro desta obra.

CAPÍTULO 1
Sobre os Espíritos que Governam as Esferas Planetárias

Para compreender os segredos que este livro contém, você precisa primeiramente saber que existem vários tipos de espíritos, de acordo com as coisas e os lugares que presidem. Os espíritos que vivem nos elementos terrestres são os do fogo, do ar, da água e da terra; todos podem prestar serviços ao homem que conheça sua natureza e saiba como atraí-los.

Além disso, desejo fazê-lo entender que Deus destinou a cada um de nós um espírito, que zela sobre nós e cuida da nossa preservação. Esses espíritos são chamados gênios; são elementares como nós e são mais aptos a prestar serviços àqueles cujo temperamento é relacionado ao elemento que o gênio habita. Por exemplo, se você fosse de temperamento feroz, ou seja, sanguíneo, seu gênio seria feroz e submetido ao império do fogo.

Sempre que realizar uma operação mágica, qualquer que seja, você precisará atrair o auxílio dos espíritos dos quatro elementos, pois eles formam a base de tudo que existe e acontece no mundo material. Entretanto, existem outras forças que devem ser invocadas para apoiar as operações: trata-se dos espíritos dos planetas. Saiba, porém, que aquilo que, na Arte Mágica, chamamos de planetas são na verdade os sete corpos celestes considerados governantes dos sete céus que, segundo o pensamento antigo, circundavam a Terra.

Na cosmogonia medieval, pensava-se que a Terra era o centro do Universo e que em torno dela giravam nove círculos concêntricos: os céus dos sete **planetas** (o Sol, a Lua e os cinco planetas visíveis a olho nu), o Estrelado (ou das estrelas fixas, onde estariam as constelações do Zodíaco) e o Cristalino (ou *Primum Mobile*, o primeiro céu móvel). Todos esses céus seriam habitados pelas almas dos seres humanos limpos de pecados. Por fora desse conjunto móvel ficaria o céu sereno (imóvel) ou Empíreo, onde vivem os santos bem-aventurados, logo abaixo dos nove círculos angélicos que cercam Deus.

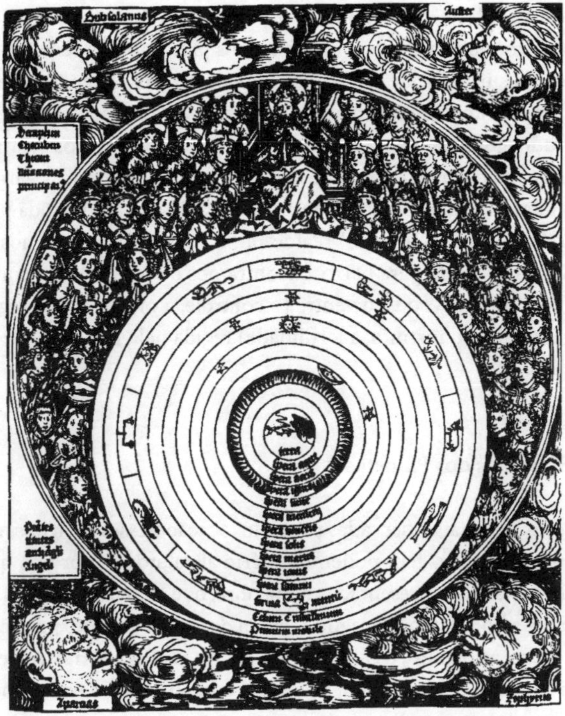

Os espíritos das coisas celestes habitam os diversos círculos do céu. Alguns governam o Céu Cristalino; outros presidem o Estrelado. Há também os espíritos do Céu de Saturno, chamados Saturninos; da mesma forma há os espíritos Jovianos, Marcianos, Solares, Venusianos, Mercurianos e Lunares, respectivamente dos céus de Júpiter, Marte, Sol, Vênus, Mercúrio e Lua.

Agora vou ensinar-lhe um importante segredo da Grande Arte. Em ordem decrescente de distância em relação à Terra, os céus planetários são os de Saturno, Júpiter, Marte, Sol, Vênus, Mercúrio e Lua. Assim, Saturno é o planeta superior (o mais distante, o que fica mais próximo dos céus superiores) e a Lua é o mais inferior de todos. Por isso, os centros de energia do corpo regidos por cada um dos planetas seguem essa mesma ordem. O Sol, que é o centro de tudo, governa o coração, que é o centro da vida e dos sentimentos. Conforme nos afastamos dele, indo para cima, encontramos a garganta (a vontade, a fala) regida por Marte; a testa (a criatividade, a fé) regida por Júpiter; e o cérebro (o intelecto puro) regido por Saturno. Conforme nos distanciamos do coração, indo para baixo, encontramos o plexo solar (o conforto, a saciedade) regido por Vênus; o ventre (o controle, a organização) regido por Mercúrio; e a pelve (o instinto, a fertilidade) regida pela Lua.

Sobre os Símbolos dos Planetas

Existem horas especiais reservadas para a invocação desses espíritos, nos dias e nas horas em que eles têm poder e império absolutos. É por isso que você deve estudar as tabelas apresentadas nesta obra, que contêm o planeta e o anjo a que cada dia e hora estão submetidos, além das cores que lhes pertencem, os metais, as ervas, as plantas, os animais aquáticos, aéreos e terrestres, e os aromas que são próprios de cada um; e também o quadrante do universo em que eles devem ser invocados. Em capítulos posteriores você encontrará os selos, os caracteres, as letras divinas e as conjurações por meio dos quais recebemos o poder de simpatizar com esses espíritos.

Tabela de Correspondências Planetárias

Planeta	Sol	Lua	Marte	Mercúrio	Júpiter	Vênus	Saturno
Dia	Domingo	Segunda	Terça	Quarta	Quinta	Sexta	Sábado
Nome	Shemesh	Levanah	Madim	Kokav	Tzedeq	Nogah	Shabatai
Arcanjo	Rafael	Gabriel	Samael	Miguel	Saquiel	Haniel	Cassiel
Número	6	9	5	8	4	7	3
Cor	Amarelo	Branco	Vermelho	Púrpura	Azul	Verde	Preto
Metal	Ouro	Prata	Ferro	Mercúrio	Estanho	Cobre	Chumbo
Pedra	Topázio	Cristal	Rubi	Ágata	Safira	Esmeralda	Ônix
Aroma	Incenso	Jasmim	Almíscar	Alfazema	Cedro	Benjoim	Mirra
Objeto	Espelho	Turíbulo	Espada	Bastão	Cetro	Flor	Taça
Guirlandas*	Louro	Jasmim	Arruda	Narciso	Romã	Rosa	Pinheiro
	Girassol	Lírio	Absinto	Palmeira	Figueira	Murta	Eucalipto
Planta	Toda	Folhas	Caule	Sementes	Frutos	Flores	Raízes
Erva	Alecrim	Saião	Alho	Camomila	Melissa	Malva	Arruda
Árvore	Loureiro	Limoeiro	Parreira	Oliveira	Cedro	Murta	Pinheiro
Flor	Girassol	Nenúfar	Gladíolo	Margarida	Violeta	Rosa	Acácia
Prato	Massa	Sopa	Assado	Salada	Cozido	Creme	Bolo
Alimento	Ovo	Abóbora	Carne	Cenoura	Beterraba	Queijo	Batata

* Estas são as flores e folhagens usadas para fazer guirlandas para enfeitar o altar.

Planeta	Sol	Lua	Marte	Mercúrio	Júpiter	Vênus	Saturno
Verdura	Couve	Alface	Cebola	Chicória	Vagem	Agrião	Salsa
Grão	Milho	Aveia	Feijão	Centeio	Gergelim	Ervilha	Trigo
Fruta	Laranja	Melão	Uva	Avelã	Passas	Maçã	Ameixa
Bebida	Café	Água	Guaraná	Chá preto	Chocolate	Leite	Vinho
Especiaria	Cravo	Limão	Pimenta	Anis	Noz-moscada	Baunilha	Cominho
Animal terrestre	Leão	Gato	Lobo	Macaco	Elefante	Touro	Morcego
Ave	Águia	Coruja	Galo	Papagaio	Pavão	Pomba	Corvo
Animal aquático	Hipocampo	Caranguejo	Raia	Bagre	Golfinho	Ostra	Polvo
Outros	Besouro	Caracol	Abelha	Serpente	Borboleta	Rã	Tartaruga
Signos	Leão	Câncer	Áries D	Gêmeos D	Sagitário D	Touro N	Capricórnio N
			Escorpião N	Virgem N	Peixes N	Libra D	Aquário D
Trabalhos	Honra	Adivinhação	Ira	Perícia	Ambição	Amor	Proteção
	Poder	Mistério	Castigo	Eloqüência	Riqueza	Conquista	Firmeza
	Saúde	Mudança	Lutas	Negócios	Religião	Sedução	Limpeza
	Alegria	Fertilidade	Coragem	Viagens	Política	Harmonia	Terra

Sobre as Horas Mágicas

Os planetas também governam as horas do dia. Se quiser realmente dominar os segredos da magia, você deve saber que as horas mágicas não são iguais às do relógio; você precisará determiná-las com exatidão para obter realmente o apoio das forças desejadas.

Para a magia, como para a vida comum, o dia e a noite também são divididos em um total de 24 horas, das quais doze são diurnas e doze, noturnas; mas a divisão do tempo é diferente da hora oficial. Esta é uma informação muito importante e você deve retê-la para sempre na sua mente: para a magia, o dia começa ao nascer do Sol, e não à meia-noite; portanto, o período entre a zero hora e o amanhecer pertence ao dia anterior. O período diurno vai do nascer ao pôr-do-sol e o período noturno vai do anoitecer desse dia ao amanhecer do dia seguinte.

Saiba, porém, que os dias e as noites não têm a mesma duração em todas as épocas do ano. Durante o verão, o Sol nasce mais cedo e se põe mais tarde; os dias são longos e as noites são curtas. No inverno acontece o contrário: os dias são curtos e as noites, longas. Na primavera e no outono, os dois períodos têm duração quase igual.

Repare então que, para usar as horas mágicas corretamente, você precisa saber a que horas ocorrerão o nascer e o pôr-do-sol no dia escolhido para o ritual. Em seguida, você deve descobrir quantos minutos existem dentro do período diurno ou do período noturno, conforme vá trabalhar de dia ou à noite. A seguir, você deve dividir esse total de minutos por doze, encontrando a duração exata de uma hora mágica nesse dia. Para saber quando começa a hora em que você vai trabalhar, é preciso então ir verificando a que hora do relógio corresponde o início de cada hora mágica.

O cálculo é complicado e muito trabalhoso, se você tiver que fazer todas essas contas a cada vez que quiser executar uma operação mágica. Mas você pode trabalhar com um horário aproximado, se souber a que hora do relógio começa cada hora mágica no dia primeiro de cada mês. Repare que a diferença de um mês para o outro se reduz a poucos minutos; assim, se você quiser executar uma operação mágica em qualquer dia entre duas datas indicadas na tabela, faça um cálculo aproximado do início da hora escolhida. Para garantir que não estará errando, não inicie o ritual no primeiro instante da hora escolhida, mas espere uns poucos minutos para começá-lo.

A tabela que você verá adiante é válida para qualquer lugar do mundo, pois indica a hora oficial do fuso horário a que o lugar pertence. Por exemplo, em qualquer lugar do mundo, no dia primeiro de abril, os relógios marcarão cerca de seis horas quando o Sol, em seu giro diário, estiver nascendo sobre esse local. Se você quiser usar um dado muito exato, poderá descobrir qual é a diferença entre a hora local de onde você mora e a hora oficial do país (que é a do fuso horário em que está situada Brasília, no caso do Brasil), e fazer o ajuste necessário aos dados da tabela. Por exemplo, se pela hora local exata o Sol nascer cinco minutos mais tarde que pela hora oficial, some cinco minutos a todos os dados da tabela.

Se o lugar onde você mora tem Horário de Verão, lembre-se de ajustar os dados da tabela durante seu período de vigência. Tanto esse dado como o da hora local podem ser facilmente obtidos junto ao Observatório Nacional, pela Internet, ou ainda em publicações de astronomia sobre cálculo do tempo.

Início de Cada Hora Mágica Diurna (D) e Noturna (N) no Dia Primeiro de Cada Mês

Hora	Jan.	Fev.	Mar.	Abr.	Mai.	Jun.	Jul.	Ago.	Set.	Out.	Nov.	Dez.
1 D	05:11	05:33	05:49	06:01	06:12	06:26	06:34	06:27	06:03	05:33	05:08	04:59
2 D	06:18	06:39	06:52	07:00	07:08	07:20	07:27	07:22	07:01	06:34	06:12	06:06
3 D	07:26	07:45	07:55	07:59	08:05	08:14	08:21	08:18	07:59	07:36	07:17	07:13
4 D	08:33	08:50	08:58	08:59	09:01	09:08	09:15	09:13	08:58	08:37	08:21	08:20
5 D	09:41	09:56	10:00	09:58	09:58	10:03	10:08	10:09	09:56	09:39	09:26	09:28
6 D	10:48	11:01	11:03	10:57	10:54	10:57	11:02	11:04	10:54	10:40	10:31	10:35
7 D	11:56	12:07	12:06	11:57	11:51	11:51	11:56	12:00	11:53	11:42	11:36	11:42
8 D	13:03	13:12	13:09	12:56	12:47	12:45	12:50	12:58	12:51	12:43	12:41	12:49
9 D	14:11	14:18	14:11	13:55	13:43	13:40	13:44	13:51	13:49	13:45	13:46	13:57
10 D	15:18	15:23	15:14	14:55	14:39	14:34	14:38	14:46	14:48	14:46	14:51	15:04
11 D	16:26	16:29	16:17	15:54	15:35	15:28	15:32	15:42	15:46	15:48	15:56	16:11
12 D	17:34	17:34	17:20	16:53	16:31	16:22	16:26	16:37	16:44	16:50	17:01	17:18
1N	18:42	18:40	18:22	17:53	17:28	17:16	17:20	17:32	17:43	17:52	18:06	18:26
2 N	19:34	19:34	19:19	18:53	18:31	18:21	18:27	18:36	18:44	18:50	19:02	19:18
3 N	20:27	20:28	20:16	19:54	19:35	19:27	19:33	19:41	19:46	19:49	19:58	20:11
4 N	21:19	21:22	21:13	20:54	20:38	20:32	20:40	20:45	20:47	20:47	20:53	21:04
5 N	22:12	22:17	22:11	21:55	21:42	21:38	21:46	21:50	21:49	21:46	21:48	21:57
6 N	23:04	23:11	23:08	22:55	22:45	22:43	22:52	22:54	22:50	22:44	22:43	22:49
7N	23:57	00:06	00:05	23:56	23:49	23:49	23:58	23:59	23:52	23:43	23:38	23:42
8 N	00:49	01:00	01:02	00:56	00:52	00:54	01:04	01:03	00:53	00:41	00:33	00:35
9 N	01:42	01:55	02:00	01:57	01:56	02:00	02:10	02:08	01:55	01:40	01:28	01:28
10N	02:34	02:49	02:57	02:58	03:00	03:06	03:16	03:12	02:57	02:38	02:23	02:20
11N	03:27	03:44	03:54	03:59	04:04	04:13	04:22	04:17	03:59	03:37	03:18	03:13
12 N	04:19	04:38	04:51	05:00	05:06	05:19	05:28	05:22	05:01	04:35	04:13	04:06

As horas mágicas são importantes para determinar qual é o planeta regente de cada período diurno ou noturno de um certo dia. O planeta regente de cada dia da semana governa sempre a primeira hora diurna desse dia. Assim, Saturno rege a primeira hora de sábado, o Sol rege a primeira hora do domingo e assim por diante.

A partir dessa primeira, as horas seguintes são regidas pelos outros planetas, na ordem decrescente que você já conhece: Saturno, Júpiter, Marte, Sol, Vênus, Mercúrio e Lua. Por exemplo, Vênus rege a primeira hora da sexta-feira. A segunda é regida por Mercúrio; a terceira, pela Lua, que é o último planeta da seqüência; então a série recomeça, com Saturno regendo a quarta hora, Júpiter a quinta e assim por diante. Esta informação é fácil de organizar mas, para facilitar o trabalho dos magos, é tradicionalmente apresentada sob a forma de uma tabela, como a que você encontra adiante.

Note que cada operação mágica deve ser realizada em um dia e uma hora regidos pelo planeta que governa o objetivo do ritual.

Regência Planetária das Horas Mágicas Diurnas (D) e Noturnas (N)

Hora	Domingo	Segunda	Terça	Quarta	Quinta	Sexta	Sábado
1D	Sol	Lua	Marte	Mercúrio	Júpiter	Vênus	Saturno
2 D	Vênus	Saturno	Sol	Lua	Marte	Mercúrio	Júpiter
3 D	Mercúrio	Júpiter	Vênus	Saturno	Sol	Lua	Marte
4 D	Lua	Marte	Mercúrio	Júpiter	Vênus	Saturno	Sol
5 D	Saturno	Sol	Lua	Marte	Mercúrio	Júpiter	Vênus
6 D	Júpiter	Vênus	Saturno	Sol	Lua	Marte	Mercúrio
7 D	Marte	Mercúrio	Júpiter	Vênus	Saturno	Sol	Lua
8 D	Sol	Lua	Marte	Mercúrio	Júpiter	Vênus	Saturno
9 D	Vênus	Saturno	Sol	Lua	Marte	Mercúrio	Júpiter
10 D	Mercúrio	Júpiter	Vênus	Saturno	Sol	Lua	Marte
11 D	Lua	Marte	Mercúrio	Júpiter	Vênus	Saturno	Sol
12 D	Saturno	Sol	Lua	Marte	Mercúrio	Júpiter	Vênus
1N	Júpiter	Vênus	Saturno	Sol	Lua	Marte	Mercúrio
2 N	Marte	Mercúrio	Júpiter	Vênus	Saturno	Sol	Lua
3 N	Sol	Lua	Marte	Mercúrio	Júpiter	Vênus	Saturno
4 N	Vênus	Saturno	Sol	Lua	Marte	Mercúrio	Júpiter
5 N	Mercúrio	Júpiter	Vênus	Saturno	Sol	Lua	Marte
6 N	Lua	Marte	Mercúrio	Júpiter	Vênus	Saturno	Sol
7 N	Saturno	Sol	Lua	Marte	Mercúrio	Júpiter	Vênus
8 N	Júpiter	Vênus	Saturno	Sol	Lua	Marte	Mercúrio
9 N	Marte	Mercúrio	Júpiter	Vênus	Saturno	Sol	Lua
10N	Sol	Lua	Marte	Mercúrio	Júpiter	Vênus	Saturno
11 N	Vênus	Saturno	Sol	Lua	Marte	Mercúrio	Júpiter
12 N	Mercúrio	Júpiter	Vênus	Saturno	Sol	Lua	Marte

Nomes das Horas Mágicas e dos Anjos que as Governam

Hora	Domingo	Segunda	Terça	Quarta	Quinta	Sexta	Sábado
1 D.Yayn	Rafael	Saquiel	Anael	Cassiel	Micael	Gabriel	Zamael
2 D. Yanor	Gabriel	Zamael	Rafael	Saquiel	Anael	Cassiel	Micael
3 D. Nasnia	Cassiel	Micael	Gabriel	Zamael	Rafael	Saquiel	Anael
4 D. Salla	Saquiel	Anael	Cassiel	Micael	Gabriel	Zamael	Rafael
5 D. Sadedali	Zamael	Rafael	Saquiel	Anael	Cassiel	Micael	Gabriel
6 D. Thamur	Micael	Gabriel	Zamael	Rafael	Saquiel	Anael	Cassiel
7 D. Ourer	Anael	Cassiel	Micael	Gabriel	Zamael	Rafael	Saquiel
8 D. Thainé	Rafael	Saquiel	Anael	Cassiel	Micael	Gabriel	Zamael
9 D. Neron	Gabriel	Zamael	Rafael	Saquiel	Anael	Cassiel	Micael
10 D. Yayon	Cassiel	Micael	Gabriel	Zamael	Rafael	Saquiel	Anael
11 D. Abai	Saquiel	Anael	Cassiel	Micael	Gabriel	Zamael	Rafael
12 D. Nathalon	Zamael	Rafael	Saquiel	Anael	Cassiel	Micael	Gabriel
1 N. Beron	Micael	Gabriel	Zamael	Rafael	Saquiel	Anael	Cassiel
2 N. Barol	Anael	Cassiel	Micael	Gabriel	Zamael	Rafael	Saquiel
3 N. Thanu	Rafael	Saquiel	Anael	Cassiel	Micael	Gabriel	Zamael
4 N. Athor	Gabriel	Zamael	Rafael	Saquiel	Anael	Cassiel	Micael
5 N. Mathon	Cassiel	Micael	Gabriel	Zamael	Rafael	Saquiel	Anael
6 N. Rana	Saquiel	Anael	Cassiel	Micael	Gabriel	Zamael	Rafael
7 N. Netos	Zamael	Rafael	Saquiel	Anael	Cassiel	Micael	Gabriel
8 N. Tafrac	Micael	Gabriel	Zamael	Rafael	Saquiel	Anael	Cassiel
9 N. Sassur	Anael	Cassiel	Micael	Gabriel	Zamael	Rafael	Saquiel
10 N. Agia	Rafael	Saquiel	Anael	Cassiel	Micael	Gabriel	Zamael
11 N. Caerra	Gabriel	Zamael	Rafael	Saquiel	Anael	Cassiel	Micael
12 N. Saiam	Cassiel	Micael	Gabriel	Zamael	Rafael	Saquiel	Anael

Operações Mágicas Regidas pelos Planetas

▪ Saturno

Os dias e horas de Saturno são adequados para operações relacionadas às posses, aos bens materiais, aos negócios, a terras e seu cultivo, a imóveis e construções. São bons também para realizar rituais de defesa, com o objetivo de afastar (de pessoas ou lugares) inimigos visíveis e invisíveis, vivos ou mortos; e para atrair a proteção de espíritos benfazejos, em especial para o período do sono.

▪ Júpiter

Os dias e horas de Júpiter são favoráveis às operações que visam à ambição, à prosperidade e ao crescimento. São ideais para obter honrarias e reconhecimento profissional e social; para adquirir riquezas e garantir fartura e segurança financeira; para fazer amizades, preservar a saúde e para tudo que exija boa sorte; e também para assuntos religiosos ou ligados à justiça.

▪ Marte

Os dias e horas de Marte são bons para as lutas em geral: para adquirir a coragem necessária para um empreendimento, vencer inimigos, concentrar energia para uma batalha, castigar criminosos e eliminar tudo o que é nocivo. Também são adequados para quem deseja progredir na carreira militar ou esportiva, para quem lida com sangue (cirurgiões, açougueiros etc.), para quem vai ser submetido a uma cirurgia e para quem trabalha com ferro e armas. Além disso, Marte governa a potência sexual e a vitalidade.

Sol

Os dias e horas do Sol são muito bons para operações mágicas visando à realização de desejos e esperanças, para ter sorte, aumentar os ganhos e ter sucesso em qualquer projeto; para recuperar a saúde; para eliminar hostilidades, fazer amigos e obter honrarias e a proteção de poderosos.

Vênus

Os dias e horas de Vênus são bons para tudo o que seja relacionado com o amor, a amizade, a beleza, os divertimentos e o prazer. São adequados para promover harmonia e equilíbrio; para todos os trabalhos relacionados à estética, à arte, à música e à dança; e também para proteger-se contra venenos e contra a loucura. Vênus governa a sedução e a doçura.

Mercúrio

Os dias e horas de Mercúrio são adequados para realizar trabalhos destinados a aperfeiçoar a eloqüência e a inteligência, além da habilidade para qualquer atividade prática. São bons também para comunicações, negócios empreendimentos e investimentos; para ciências, literatura, artes divinatórias, jogos e comércio; e para todos os trabalhos relacionados a roubos e previsão do futuro.

Lua

Os dias e horas da Lua são bons para viagens, mudanças e missões diplomáticas; para assuntos relacionados a água, navegação e correspondência; para a reconciliação, a união familiar e a fertilidade; e também para a vidência, o sono e a descoberta de coisas ocultas e misteriosas.

Outras indicações

Os dias e horas de Saturno, de Marte, de Mercúrio e da Lua são bons para comunicar-se com espíritos. Os dias e horas do Sol, de Júpiter e de Vênus são bons para todas as operações extraordinárias, incomuns e desconhecidas. Lembre-se também de que as horas diurnas são mais favoráveis para os trabalhos do Sol, de Júpiter e de Vênus, enquanto as noturnas são mais favoráveis para operações de Saturno e da Lua. As horas diurnas de Marte e de Mercúrio são adequadas para operações de coragem e intelecto; as noturnas são melhores para o contato com os espíritos.

CAPÍTULO 2
Sobre os Espíritos que Governam os Elementos

Os espíritos dos elementos, chamados elementais, são os gnomos da terra, os silfos do ar, as salamandras do fogo e as ondinas da água. Ao conjurar os espíritos, você deverá saber identificar o modo como os elementais se manifestam, para evitar ser enganado por forças maléficas. Saiba então que os seres do ar aparecem como uma brisa ou um aroma; os do fogo, como labaredas ou ondas de calor; os da água, como chuva, raios ou nuvens; e os da terra, como sombras pesadas e escuras.

Não existe um só elemental de cada tipo: eles são uma enorme legião, que acorre ao chamado do mago quando seu trabalho é feito corretamente e com o coração puro. Cada uma dessas legiões é comandada por um Rei elemental, ao qual podemos nos dirigir quando preferirmos controlar melhor o comportamento desses espíritos. Isso é particularmente conveniente no caso das salamandras, cujo aparecimento descontrolado pode provocar graves acidentes, como queimaduras e até incêndios.

Cada tipo de elemental habita um dos quadrantes da Terra, o qual corresponde ao elemento que ele governa. Os silfos vivem no leste; as ondinas, no oeste. As salamandras vivem na direção chamada tradicionalmente do *meio-dia*, ou seja, no ponto cardeal para onde o Sol parece estar inclinado a essa hora; no Hemisfério Sul, essa direção é o norte. Os gnomos vivem na direção oposta a esta, ou seja, ao sul, para quem vive no Hemisfério Sul. Nas operações mágicas realizadas no Hemisfério Norte, essas duas posições deverão ser invertidas.

Você deve observar também que, no Hemisfério Sul, o Sol parece caminhar na direção contrária à dos ponteiros do relógio. Se você ficar de frente para o meio-dia, ele nascerá à sua direita, subirá em direção ao norte e descerá para a sua esquerda. Saber disso é importante por causa da movimentação durante o ritual da Arte. Quando o mago traça o círculo mágico, simboliza com seu movimento o trajeto do Sol no céu. Nos manuais de magia, geralmente é recomendado que esse movimento seja feito em sentido horário; mas você não deve esquecer que todas essas obras foram escritas no Hemisfério Norte. Ao sul do Equador, o sentido do giro deve ser invertido.

Guarde bem essas informações porque, quando for traçar o seu círculo mágico, você precisará colocar cada objeto da Arte no quadrante correspondente ao seu elemento, que deverá estar representado por suas cores e seus símbolos; você precisa aprender também quais são os instrumentos mágicos que simbolizam os elementos e fazem parte dos paramentos rituais do mago, além de outros símbolos que deverão ser usados nas operações mágicas e que você irá aprender a seguir.

Sobre o Elemento Ar

O símbolo do ar é um triângulo com o ápice voltado para cima e cortado no meio por um traço horizontal. Sua cor é o azul, seu arcanjo é Rafael, seu ser sagrado é o Homem e seu naipe de cartas é o de Espadas. Os signos do Zodíaco regidos pelo ar são Gêmeos, Libra e Aquário. A estação do ano é a primavera.

O instrumento do ar é a espada. Esse elemento também pode ser representado por lanças, flores, pássaros, penas, flautas e cornetas. O material a ser colocado no quadrante leste do círculo mágico é o defumador. Na oferenda de comida, o elemento será representado por hortaliças frescas.

O ar rege todos os assuntos intelectuais, como os estudos, as profissões que usam a mente, as pesquisas, as provas, a inteligência; e também as críticas, as lutas verbais, a intuição, as dificuldades e os enfrentamentos.

Correspondências dos Signos do Ar

Signo	Gêmeos	Libra	Aquário
Planeta	Mercúrio diurno	Vênus diurno	Saturno diurno
Anjo	Ambriel	Zuriel	Gabriel
Cor	Alaranjado	Verde-claro	Cinzento
Metal	Mercúrio	Cobre	Chumbo
Pedra	Ágata	Berilo	Ametista
Aroma	Lavanda	Sândalo	Eucalipto
Erva	Orégano	Verbena	Funcho
Flor	Acácia	Amor-perfeito	Avenca
Árvore	Acácia	Murta	Ameixeira
Animal terrestre	Macaco	Boi	Morcego
Animal aquático	Bagre	Foca	Lula
Ave	Papagaio	Ganso	Cisne
Parte do corpo	Braços	Rins	Pernas
Divindade	Febo (Apolo)	Palas (Minerva)	Hera (Juno)

Sobre o Elemento Fogo

O símbolo do fogo é um triângulo com o ápice voltado para cima. Sua cor é o vermelho, seu arcanjo é Miguel, seu ser sagrado é o Leão e seu naipe de cartas é o de Paus. Os signos do Zodíaco regidos pelo fogo são Áries, Leão e Sagitário. A estação do ano é o verão.

O instrumento do fogo é o bastão. Esse elemento também pode ser representado por marretas, martelos, tochas, rosas vermelhas, espigas e frutos maduros. O material a ser colocado no quadrante norte do círculo mágico (para o Hemisfério Sul) é a vela. Na oferenda de comida, o elemento será representado por frutas maduras, cereais, ovos, gorduras e carne.

O fogo rege o trabalho, a atividade corporal, a coragem, as lutas e as conquistas, além da sexualidade, do vigor físico e da impulsividade. Também é o elemento da autoridade, da liderança, do brilho pessoal, das honras, da ascensão e do poder.

Correspondências dos Signos de Fogo

Signo	Áries	Leão	Sagitário
Planeta	Marte diurno	Sol	Júpiter diurno
Anjo	Malquidiel	Verquiel	Adnaquiel
Cor	Vermelho-sangue	Amarelo	Azul-claro
Metal	Ferro	Ouro	Estanho
Pedra	Rubi	Topázio	Água-marinha
Aroma	Menta	Incenso	Cedro
Erva	Hortelã	Alecrim	Rabanete
Flor	Gladíolo	Malmequer	Violeta
Árvore	Videira	Loureiro	Amoreira
Animal terrestre	Cão	Leão	Elefante
Animal aquático	Cavalo-marinho	Baleia	Golfinho
Ave	Galo	Águia	Pavão
Parte do corpo	Cabeça	Coração	Dorso
Divindade	Ares (Marte)	Zeus (Júpiter)	Héstia (Vesta)

Sobre o Elemento Água

O símbolo da água é um triângulo invertido, com o ápice voltado para baixo. Sua cor é o verde, seu arcanjo é Gabriel, seu ser sagrado é a Águia e seu naipe de cartas é o de Copas. Os signos do Zodíaco regidos pela água são Câncer, Escorpião e Peixes. A estação do ano é o outono.

O instrumento da água é o cálice, que é o recipiente da sabedoria do mago. Esse elemento também pode ser representado por caldeirões, potes, copos, tigelas, conchas, sementes e crescentes lunares. O material a ser colocado no quadrante oeste do círculo mágico é um recipiente transparente (copo, cálice, tigela) com água. Na oferenda de comida, o elemento será representado por água pura, vinho, chá, leite ou suco de fruta.

A água rege a vida afetiva, os sentimentos, as emoções, a fantasia e a criatividade, além da fertilidade orgânica. Também governa tudo que funciona em ciclos repetitivos, como as rotinas da vida diária e do trabalho, e as mudanças de todos os tipos.

Correspondências dos Signos de Água

Signo	**Câncer**	**Escorpião**	**Peixes**
Planeta	Lua	Marte noturno	Júpiter noturno
Anjo	Muriel	Barbiel	Barquiel
Cor	Violeta, prateado	Granada (vinho)	Anil
Metal	Prata	Ferro	Estanho
Pedra	Pérola	Granada	Opala
Aroma	Cânfora	Opium	Âmbar cinzento
Erva	Alface	Pimenta	Gergelim

Signo	Câncer	Escorpião	Peixes
Flor	Papoula	Azaléia	Lírio-d'água
Árvore	Canforeira	Ameixeira	Salgueiro
Animal terrestre	Gato	Lobo	Cervo
Animal aquático	Caranguejo	Raia	Crocodilo
Ave	Coruja	Gavião	Gaivota
Parte do corpo	Peito (pulmões)	Órgãos genitais	Pés
Divindade	Ártemis (Diana)	Hefesto (Vulcano)	Poseidon (Netuno)

Sobre o Elemento Terra

A terra é representada por um triângulo invertido, cortado no meio por um traço horizontal. Sua cor é o amarelo, seu arcanjo é Uriel, seu ser sagrado é o Touro e seu naipe de cartas é o de Ouros. Os signos do Zodíaco regidos pela terra são Touro, Virgem e Capricórnio. A estação do ano é o inverno.

O instrumento da terra é o pantáculo (medalha que o mago usa pendurada no pescoço ou em pontos específicos do círculo mágico). Esse elemento também pode ser representado por moedas, pedras, cristais, sal e pão. O material a ser colocado no quadrante sul do círculo mágico (para o Hemisfério Sul) é um pote de barro com terra, um pires com sal ou uma pedra. Na oferenda de comida, o elemento será representado por pão, bolo, frutas secas ou raízes cozidas.

A terra rege os bens materiais, o produto do trabalho, a prosperidade, a segurança e as posses imóveis, além das sensações corporais e do funcionamento orgânico. É o elemento do senso de realidade, da habilidade prática, da organização, da capacidade administrativa e da prudência.

Correspondências dos Signos de Terra

Signo	Touro	Virgem	Capricórnio
Planeta	Vênus noturno	Mercúrio noturno	Saturno noturno
Anjo	Asmodel	Hamaliel	Hanael
Cor	Verde-escuro	Palha	Preto
Metal	Cobre	Mercúrio	Chumbo
Pedra	Safira	Sardónica	ônix
Aroma	Rosa	Madressilva	Tabaco
Erva	Coentro	Anis	Salsa
Flor	Rosa	Margarida	Flor de cacto
Árvore	Amendoeira	Sabugueiro	Figueira
Animal terrestre	Touro	Macaco	Cabra
Animal aquático	Foca	Rã	Polvo
Ave	Pomba	Andorinha	Corvo
Parte do corpo	Pescoço	Ventre	Coxas
Divindade	Afrodite (Vênus)	Ceres (Deméter)	Crono (Saturno)

Quando for realizar uma operação mágica e desejar que ela seja muito eficiente, você deverá escolher um dia em que o Sol ou a Lua estejam em um dos signos regidos pelo elemento que governa o assunto para o qual se dirige a operação. Você também poderá fazer um ritual que destaque o elemento relacionado com seu desejo. Você pode, por exemplo, realizar um ritual de fogo para ter coragem para enfrentar um desafio, um de água para encontrar um novo amor, um de ar para sair-se bem nos estudos ou um de terra para comprar uma casa. No Livro II você aprenderá a executar vários tipos de rituais.

CAPÍTULO 3
Sobre as Influências e Virtudes Secretas da Lua

Como você certamente já sabe, a Lua se move muito rapidamente em torno da Terra, dando uma volta completa em cerca de 28 dias. Isto significa que, nesse período, a Lua passa por todos os signos do Zodíaco, ficando pouco mais de 24 horas em cada um. Esses 28 setores em que o céu é dividido pelo percurso lunar são chamados **Moradas da Lua**. De acordo com a relação mágica entre a Lua e o Sol nas diferentes posições, cada uma delas será mais apropriada para um tipo de operação mágica. Cada morada é designada por um número que indica a idade da Lua, ou seja, qual é a ordem ocupada por esse dia a partir do início da Lua Nova, que é considerado o dia número um. O signo não é aquele em que a Lua realmente está no momento, pois a cada mês ela começará o ciclo em uma posição diferente e suas moradas cairão em signos diversos. Os signos aqui apresentados são os regentes das moradas da Lua, independente de sua posição verdadeira em um dado momento.

Os nomes aqui apresentados são apenas alguns entre os diversos pelos quais as moradas da Lua são conhecidas; por este motivo, não se espante se você encontrar, em outro livro, nomes diferentes destes. Lembre-se de que, se você conhecer e usar corretamente apenas um desses nomes, poderá fazer suas operações mágicas com sucesso.

As Moradas da Lua e as Operações que Devem Ser Realizadas em Cada uma Delas

Morada	Nome	Signo regente	Assuntos favorecidos
1	Alnat	Áries	Viagem, amor, separação
2	Albocan	Áries	Riqueza, punição
3	Atorai	Touro	Viagem por mar, amor
4	Aldebarã	Touro	Obstáculos, discórdias, separações, inimizades
5	Alcatai	Gêmeos	Amizade, viagem, habilidade
6	Atana	Gêmeos	Caça, guerra, castigo
7	Aldiaras	Câncer	Sorte, sucesso em negócios, proteção de poderosos
8	Amatura	Câncer	Amor, amizade, amarração, viagem por terra
9	Ataris	Câncer	Perigo, fracasso, discórdia, separação
10	Alzeral	Leão	Amor, ajuda, proteção, firmeza de construções
11	Azobra	Leão	Sucesso em negócios, libertação, vitória em desafios e disputas
12	Azarfa	Leão	Ajuda a amigos e sofredores, prosperidade
13	Alalma	Virgem	Negócios, produtividade, proteção, ajuda
14	Azimel	Virgem	Amor, saúde, viagem por mar, felicidade para amigos
15	Algafia	Libra	Riqueza, ajuda a amigos, vitória sobre inimigos
16	Alcibene	Libra	Proteção contra perigos, afastamento de inimigos
17	Alquil	Escorpião	Sorte, amizade, amor, segurança de construções, viagens
18	Alças	Escorpião	Proteção contra inimigos e intrigas; vitória e separação

Morada	Nome	Signo regente	Assuntos favorecidos
19	Exaula	Sagitário	Sorte, vitória, libertação, neutralização de inimigos
20	Nahaim	Sagitário	Cura, libertação, proteção contra inimigos
21	Albelda	Capricórnio	Proteção de bens, ganhos e imóveis; separação
22	Calbeda	Capricórnio	Curar doenças, favorecer amizade, afastar inimigos
23	Caldebol	Capricórnio	Curar doenças, firmar amizade, completar separação
24	Zadodot	Aquário	Favorecer comércio e amor; vencer inimigos
25	Caldabac	Aquário	Vitória sobre inimigos, vingança, proteção de mensageiros
26	Algasaldi	Peixes	Amor, união, proteção contra perigos de todo tipo
27	Alçara	Peixes	Comércio, produção, saúde, amizade, proteção contra inimigos
28	Anaxe	Peixes	União, afeto, justiça, prosperidade, fartura

Sobre as Fases da Lua

Durante seu movimento em torno da Terra, a Lua coloca-se em sucessivas posições diferentes em relação ao Sol. Quando está em conjunção com ele, permanece praticamente invisível, pois só aparece no céu durante o dia. Quando começa a mostrar uma pequena faixa noturna, é chamada de Lua Nova. Quando está em oposição ao Sol, a Lua aparece redonda e grande durante a noite inteira: é a Lua Cheia. No meio do caminho entre esses dois pontos, a lua aparece pela metade: são os Quartos Crescente (depois da Lua Nova) e Minguante (depois da Lua Cheia).

A informação sobre os dias (e até as horas) em que a Lua entrará em cada fase durante o ano é facilmente encontrada em calendários e almanaques. Por este motivo, não é necessário fazer nenhum cálculo a esse respeito.

A Lua cresce no céu desde o primeiro dia da Lua Nova até a Lua Cheia; a partir desse dia, começa a decrescer até a Lua Nova seguinte. A força da Lua é maior nos dois dias anteriores e nos dois posteriores à Lua Cheia; é menor nos dois ou três últimos dias do Quarto Minguante e no início da Lua Nova, quando está praticamente invisível no céu. Este período fraco é extremamente infortunado e nenhum trabalho mágico deve ser feito nele, pois não será bem-sucedido. Já o período de maior força, juntamente com o Quarto Crescente, é o mais favorável para todos os tipos de trabalho.

A Lua Nova, assim que o astro sai da conjunção com o Sol e sua luz começa a crescer, é favorável para todos os trabalhos relacionados à construção e ao início de novos projetos de qualquer natureza.

O Quarto Crescente é bom para todos os tipos de operações ligadas à prosperidade, ao sucesso, à saúde, ao amor, à sorte e à felicidade. Também favorece a consolidação de projetos em andamento.

Quando a Lua começa a decrescer, ainda durante a Lua Cheia, torna-se favorável aos assuntos relacionados a lutas, disputas e defesa contra inimigos.

O Quarto Minguante é apropriado para resolver situações inacabadas; o período final, quando a Lua está quase privada de luz, é próprio para operações ligadas à invisibilidade e aos espíritos, bem como para limpar sua vida de coisas e pessoas indesejáveis.

Para as adivinhações, para encontrar coisas ocultas ou roubadas, e para a comunicação com espíritos, a Lua deve estar em um signo de terra. Para trabalhos ligados a amor, graça, invisibilidade e mudanças, deve estar em um signo de água. Para operações relacionadas a lutas, disputas e afastamentos, deve estar em signo de fogo. Para assuntos intelectuais, ciências, estudos e negócios, em um signo de ar.

Seja qual for a operação a ser realizada, o dia escolhido deverá estar com tempo calmo e sereno, com o céu claro, sem chuvas ou ventanias. Isso é muito importante porque, se a atmosfera estiver perturbada, você não conseguirá distinguir as manifestações dos elementais descritas anteriormente. Por isso, se o dia escolhido estiver com mau tempo, é melhor adiar a operação.

Lembre-se também que, além de realizar a operação no horário adequado, você devera utilizar todos os materiais relacionados com o planeta que rege o assunto em questão: sua cor, seus símbolos, seus aromas, os nomes de Deus e do arcanjo e assim por diante.

CAPÍTULO 4
Sobre o Templo da Arte

Mesmo que não possa trabalhar em um templo imponente, você precisará ter um lugar especial para guardar seus instrumentos e realizar suas operações da Arte. Esse local pode ser um pequeno cômodo da sua casa, ou mesmo apenas um recanto de um cômodo, isolado por uma divisória ou cortina. Esse espaço deve ser pelo menos um quadrado com cerca de dois metros de lado. Como vê, não é necessária uma construção especial para a magia. O que é fundamental, e disso você precisa se assegurar, é que, quando for necessário, você possa permanecer nesse lugar sem interrupções nem perturbações causadas por outras pessoas, campainhas, telefones etc.

Muitos magos, principalmente quando operam com forças da natureza, preferem trabalhar ao ar livre. Se puder e quiser, você pode adotar essa alternativa, desde que encontre um lugar discreto, deserto e seguro em uma mata, na beira de um rio ou em um campo. Se isto não for possível, realize seus rituais em local fechado, decorando-o com os símbolos dos elementos e dos planetas para atrair os espíritos que os governam.

O mobiliário mínimo de que você precisará para seu templo, se ele for montado dentro de casa, será uma pequena mesa com gavetas ou prateleiras, que ficará no centro do círculo mágico durante a operação mágica (funcionando como altar) e servirá para guardar seu material fora dos rituais. Pelo formato e pelas dimensões, o móvel encontrado pronto que melhor se presta a esse uso é uma mesinha para telefone, das mais simples. Ela deverá ter uma porta ou cortina diante das prateleiras onde ficará seu material mágico.

Providencie um tampo quadrado, pois geralmente essas mesas são retangulares e, como você vai trabalhar com o simbolismo dos quatro quadrantes, os quatro lados do altar devem ser iguais. Como você colocará sobre o altar objetos quentes (velas, defumadores) e líquidos, pode ser uma boa idéia usar um quadrado de mármore branco, com dimensões iguais às do lado maior do tampo original da mesinha; outras possibilidades são uma lajota de cerâmica ou um quadrado de laminado para revestimento de móveis, que seja resistente a fogo e umidade. O essencial é que esse tampo seja sempre branco; já a parte inferior do altar deve ser pintada de preto.

Quando não estiver sendo usado, esse móvel pode ficar guardado em um canto discreto, se você não puder ter um espaço permanentemente destinado ao templo. Para guardar os objetos maiores e as roupas cerimoniais, o ideal é que você tenha um armário em um canto do templo. Se isso não for possível, coloque prateleiras e ganchos em uma das paredes do cômodo e oculte-os com uma cortina.

Todos os seus utensílios mágicos, ao serem adquiridos, devem ser cuidadosamente limpos e a seguir, consagrados de acordo com o ritual que descreverei adiante. Em outros capítulos você ficará conhecendo todos os materiais de que poderá precisar. Com o tempo você poderá ter um templo muito completo, com toalhas para o altar nas cores adequadas para cada tipo de operação, segundo seu planeta regente; cortinas nas paredes, colunas nas portas dos quadrantes e luminárias com cores e símbolos dos quatro elementos; turíbulos pendurados nas paredes etc. Mas, para começar o trabalho, será necessário apenas o instrumental básico e um vestuário simples.

Para que você possa começar a arrumá-lo, o templo deve ter os quatro quadrantes marcados de acordo com os pontos cardeais. Utilize uma bússola para identificar a localização de cada um deles. Se você estiver instalando o templo em um espaço permanente, coloque nas quatro paredes, ou nas cortinas ou divisórias usadas para isolá-lo, quadros com as cores e os símbolos do elemento correspondente a cada ponto cardeal. Se isso não for possível, coloque os símbolos no tapete.

O Tapete do Templo

Seu templo precisará de um tapete por diversas razões. Primeiro porque, em muitos rituais, convém que você se isole da terra. Depois, em certas épocas do ano, o chão nu pode ser desconfortável, especialmente se o mago trabalhar descalço. Por fim, um tapete pode evitar que sons do seu ritual cheguem a ouvidos indesejáveis.

Além dessas utilidades, o tapete pode cumprir uma função muito importante. Nos tempos antigos, quando os magos realizavam seus rituais no campo ou em casas com piso de terra batida, o círculo mágico era desenhado no solo com a ponta de uma faca. Terminado o ritual, bastava passar os pés sobre o traçado para eliminar os vestígios de que ali fora executada uma operação mágica; aliás, esta é a origem da caminhada sobre o círculo para desfazê-lo no fim da cerimônia.

O círculo não pode deixar de ser materialmente desenhado, pois é ele que orienta toda a movimentação dos participantes do ritual. Nos tempos modernos, quando os pavimentos são diferentes dos antigos, podemos riscar esse desenho com diversos materiais, como o giz e o carvão, fazendo depois o traçado com a faca apenas simbolicamente, acompanhando o risco já existente. Entretanto, quando você trabalha dentro de casa ou em qualquer lugar pavimentado, é difícil apagar o desenho, dependendo do material de que o chão é revestido. Certos tipos de pisos conservam marcas do que foi riscado nele, o que pode criar problemas posteriores para os participantes do ritual.

Para contornar essa dificuldade, você pode usar um tapete-templo com o círculo já desenhado. Esse tapete tem uma vantagem adicional: se você não puder ter um espaço reservado para a magia, qualquer lugar onde você abra seu tapete tornar-se-á seu templo, enquanto você precisar. E se tiver um espaço físico próprio para o templo, você usará seu tapete para revesti-lo permanentemente.

É extremamente importante que você se lembre de que, qualquer que seja a forma do seu templo material, você sempre deverá começar a operação traçando simbolicamente o círculo mágico com o punhal, acompanhando o desenho do tapete.

Material

Para fazer um tapete no tamanho adequado para rituais individuais, você precisará de um quadrado de tecido branco liso, com um pouco mais de dois metros de lado (existem tecidos para a confecção de lençóis que medem 2,20 m de largura). Se seu tapete tiver as finalidades de proteger do frio ou abafar os barulhos feitos no templo, faça-o forrado ou acolchoado com um material espesso como a lã ou a manta acrílica.

Lembre-se bem disso: se você pretender trabalhar com um grupo, seu tapete poderá precisar medir até seis metros de lado, para que as pessoas possam dispor-se e mover-se adequadamente dentro do Círculo da Arte.

Além do tecido, você precisará de:

- tinta para tecido nas cores preta, vermelha, amarela, verde e azul-clara;
- pincéis finos, de ponta redonda;
- material para limpeza da pintura (água, jornal, trapos);
- tesoura, agulha, linha branca e alfinetes;
- um pedaço de barbante com 2 m de comprimento, para o tapete individual, ou de até 6 m para um grande;
- um lápis comum;
- uma fita métrica;
- um compasso comum;
- fita adesiva.

Preparação do Tapete

Sua primeira providência, para que possa traçar corretamente o círculo, será cortar o tecido na forma de um quadrado exato. Para fazer isso, dobre o tecido a partir de um dos ângulos, de modo que um lado do pano se superponha a um dos lados que fazem ângulo reto com ele. Fazendo isso, você terá um quadrado dobrado pela diagonal. Se o tecido não for exatamente quadrado, haverá uma sobra que deverá ser cortada. Arremate o quadrado com uma bainha em toda a volta.

cortando o tecido

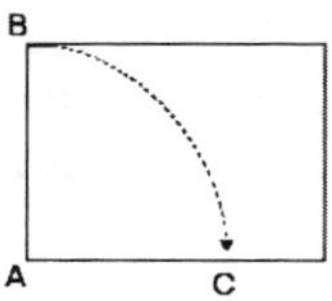

Dobre-o pelo ponto A, de modo a unir B e C

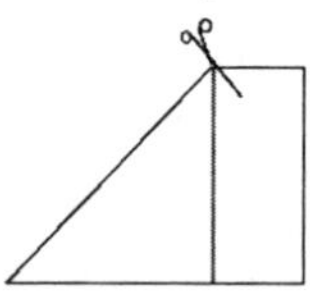

Corte a sombra.

encontrando o centro do tecido

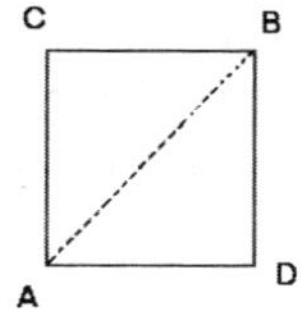

Dobre o tecido pela linha AB, unindo C e D. Dobre o tecido pela linha CDX, unindo A e B. X é o centro.

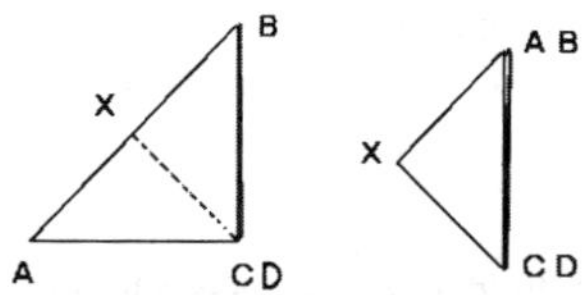

Para encontrar o centro do tecido, dobre-o por uma das diagonais, formando um triângulo; depois dobre-o novamente de modo a juntar as extremidades da dobra anterior. Prenda um alfinete no ponto em que as duas dobras se cruzam, abra o tecido novamente, estique-o no chão (que deverá estar forrado com papel ou plástico) e prenda-o aí com fita adesiva. Amarre uma das pontas do barbante no alfinete que marca o centro do quadrado. Meça 90 cm no barbante e amarre o lápis nesse ponto. Tendo preparado esse compasso, risque uma circunferência no tecido, tendo o cuidado de manter o barbante bem esticado. Se estiver fazendo um tapete maior, faça o compasso de modo a traçar a circunferência a cerca de 30 cm da borda do tecido.

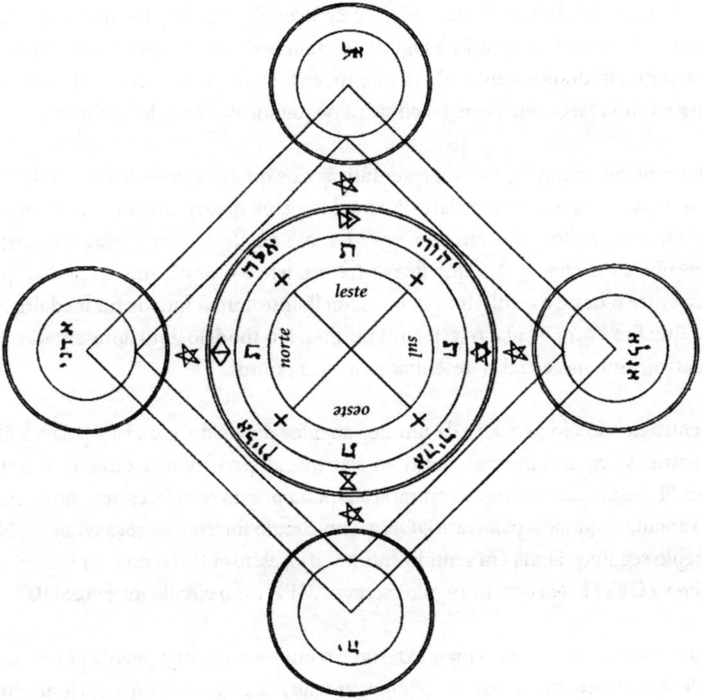

Solte o lápis, amarre-o a 75 cm do centro do quadrado e trace outra circunferência por dentro da primeira. Solte novamente o lápis, prenda-o a 60 cm do centro do tecido e trace uma terceira circunferência por dentro da segunda. Se estiver fazendo um tapete maior, trace cada nova circunferência com um raio 15 cm menor que o da anterior. Terminando esse traçado, solte o barbante do centro do círculo.

Com o compasso, desenhe um pequeno círculo com 10 cm de raio em cada ângulo do tecido (por fora do traçado já feito). Para terminar, desenhe um quadrado unindo por linhas retas os centros desses círculos que estão nas pontas do tecido, passando a alguma distância da borda do círculo maior, e outro quadrado por dentro do primeiro, encostado nesse círculo, de modo a formar uma faixa reta entre os círculos pequenos dos ângulos do tapete.

Desenhe pequenas figuras representativas dos quatro elementos em cada um dos espaços vazios triangulares formados pelos quatro ângulos do quadrado menor, por fora dos círculos grandes. No que fica entre o leste e o norte, desenhe uma chama. No que fica entre o norte e o oeste, uma taça. No que fica entre o oeste e o sul, um círculo semelhante a uma moeda ou medalha. E no que fica entre o sul e o leste, um punhal. No modelo aqui apresentado, há quatro pequenas estrelas desenhadas nesses pontos.

Dentro do círculo pequeno de um dos ângulos do tecido, escreva a palavra EL. Dentro do círculo interno, junto ao seu traçado, na mesma direção, escreva LESTE. Seguindo na direção contrária aos ponteiros do relógio, escreva no círculo do ângulo seguinte a palavra ADONAI; no círculo interno, escreva NORTE. No ângulo seguinte, ainda em sentido anti-horário, escreva LAH; no círculo interno escreva OESTE. No quarto ângulo escreva AGLA e, no círculo interno, SUL.

No espaço entre o círculo mais externo e o que vem imediatamente por dentro dele, faça quatro desenhos nos pontos cardeais, da seguinte forma: no leste, dois triângulos semelhantes a pontas de flecha, parcialmente superpostos e voltados para o sul; no norte, um losango deitado, cortado no meio por uma linha vertical; no oeste, dois triângulos unidos pelo vértice; e no sul, um hexágono.

No espaço entre essas figuras, escreva os nomes de Deus. Entre o leste e o norte, ELOAH; entre o norte e o oeste, ELION; entre o oeste e o sul, EHEIEH; entre o sul e o leste, IEVE. Entre o círculo médio e o interno, desenhe uma cruz quadrada (com os quatro braços iguais) na direção de cada um dos nomes sagrados. No meio de cada espaço entre duas cruzes escreva a letra hebraica Tau, que simboliza o Tetragramaton, o maior nome de Deus. Tomando como pontos de referência as pequenas cruzes quadradas, trace duas retas dividindo o círculo interno em quatro quadrantes iguais, corres-pondentes à área em torno de cada um dos pontos cardeais.

Repare que, no modelo do Círculo que lhe apresento, todos os nomes divinos são escritos com caracteres hebraicos. Você pode fazê-lo, seguindo a ilustração do círculo e a tabela dos alfabetos mágicos que encontrará no capítulo correspondente. Se não domina esse alfabeto, entretanto, é conveniente que coloque as traduções respectivas pois, como esse tapete é uma chave ritual, as palavras nele escritas são lembretes para o que você precisará falar ou pensar durante suas operações mágicas – no caso, os nomes com que Deus é invocado em cada uma das quatro direções do universo. Por isso, de nada adiantará ter os nomes escritos em um alfabeto que você não saberá ler.

Com a tinta preta, pinte todos os traçados dos círculos grandes, dos quadrados e da cruz central.

Com a tinta azul, pinte o círculo pequeno, os símbolos e nomes que estão no quadrante leste. Use a tinta vermelha para fazer o mesmo no norte, o verde para o oeste e o amarelo para o sul. Repare que estou lhe indicando as cores correspondentes ao simbolismo para o Hemisfério Sul.

Significado do Traçado do Tapete

O quadrado externo representa o seu templo. Quando começar seu ritual, imagine que de cada uma de suas bordas sobe uma das paredes do recinto.

O quadrado interno simboliza o altar sobre o qual o mago realiza as operações da Arte. Se você usar um pequeno móvel como altar, coloque-o no centro exato do tapete. Mesmo que não o tenha, entretanto, imagine o altar quadrado no estilo que quiser, com seus instrumentos mágicos em cima.

Os quatro pequenos círculos dos cantos marcam os lugares onde você colocará defumadores. Às vezes é recomendado que, em operações mágicas mais complexas e solenes, sejam colocados oito defumadores: quatro nesses pontos e mais quatro, sendo um no meio de cada um dos lados do quadrado externo.

As figuras feitas nas pontas do quadrado interno marcam os lugares onde você deverá colocar os objetos necessários à operação, seguindo os desenhos: veias, defumadores e fósforos onde está a chama; líquidos onde está a taça; pedras, alimentos, talismãs e seu bastão onde está o círculo; papéis, lápis, seu Livro das Sombras e o punhal onde está a espada.

Em relação aos quatro símbolos formados por dois triângulos em diferentes combinações, o colocado no oeste (que lembra um *8*) significa **Hora** e simboliza a necessidade de observar a influência mágica da hora. O colocado no leste significa **Preparar** e lembra a importância da preparação pessoal e do material necessário às operações mágicas. O hexagrama posto no sul significa **O que está no alto é como o que está embaixo**, e lembra a necessidade de representar as forças planetárias por seus símbolos materiais. O losango do norte lembra a necessidade de colocar os símbolos das forças elementares nos quatro pontos cardeais.

As cores usadas nos quadrantes, como você já leu anteriormente, correspondem aos quatro elementos. Seu uso serve para lembrar com que forças você estará lidando em cada um dos pontos cardeais.

Os nomes escritos são alguns dos Nomes Sagrados de Deus:

El, o nome da Bondade Divina, que significa **O Espírito da Clemência;**

Adonai, o nome do Rei Supremo, que significa **O Senhor da Terra;**

Iah, o nome do Pai, que significa **O Infinito;**

Agia, que significa **Deus Forte da Eternidade;**

Eloah, o nome do Filho, que significa **O Manifesto;**

Elion, que significa **O Poder;**

Eheieh, o nome da Essência Divina, que significa **Eu Sou o que Sou;**

Ieve, o Tetragramaton, que significa **A Sabedoria Eterna.**

Se quiser, você pode acrescentar os nomes dos arcanjos governantes dos elementos: Rafael a leste, Miguel ao norte, Gabriel a oeste e Uriel ao sul. Isso será útil quando você for construir o círculo, pois tornará mais fácil lembrar os nomes das forças protetoras dos quatro quadrantes que você precisará conjurar durante o ritual.

CAPÍTULO 5
Sobre a Consagração dos Instrumentos da Arte

O que agora vou lhe explicar é uma das principais chaves para a aprendizagem da Arte Mágica. Saiba que todos os objetos e materiais utilizados nas operações de magia devem ser adquiridos e destinados exclusivamente para este fim, e para tal devem ser especialmente preparados por meio de um exorcismo que os purificará e de uma consagração que lhes dará o poder desejado. Repare que esta norma não se aplica somente aos utensílios manipulados durante os rituais, mas também a todo e qualquer material ou equipamento usado para preparar roupas, alimentos, poções, amuletos e outros feitiços.

Mais adiante você ficará conhecendo em detalhes os instrumentos e materiais da Arte: a espada, o punhal, o cálice, o bastão, as medalhas, o material para escrever e desenhar, as velas, os defumadores, o material de costura, a água, o sal, os óleos, o sino, os livros, os recipientes e as oferendas. As fórmulas de exorcismo e consagração apresentadas neste capítulo servem para todos esses objetos; basta que você cite especificamente aquele que estiver consagrando no momento.

Repare que, para realizar todas as consagrações, você precisará de defumadores e de água consagrada; por isso, você deve adquirir esses dois materiais em primeiro lugar.

Preparação

As consagrações são sempre realizadas no Quarto Crescente, no dia e na hora de Mercúrio, pois esse é o momento mais propício para comunicar-se com os espíritos e pedir-lhes seu auxilio. Por este motivo, você precisará inicialmenteapenas de aromas de Mercúrio, que encontrará no Capítulo 9, sobre perfumes e defumadores. Compre também uma base adequada para colocar o defumador e fósforos para acendê-lo.

Para a aspersão com água purificadora, você precisará comprar um frasco para guardar a água, um recipiente para colocar a porção a ser utilizada em um ritual, sal (já guardado em um recipiente adequado para sua armazenagem) e ervas para fazer um aspersório (hissope). Todo esse material será descrito com maiores detalhes no capítulo referente à água, neste Livro I.

Providencie também um móvel ou uma caixa para guardar o material de consagração. Esse recipiente deverá ser cuidadosamente limpo e abençoado antes de ser usado.

Cerimônia Geral de Consagraçao

Em um dia e hora de Mercúrio, abra o recipiente onde está o material a ser consagrado, coloque suas mãos espalmadas sobre ele e recite a seguinte bênção:

– *Deus, que sois a verdade e a vida, abençoai esta matéria para que ela tenha o poder de afastar todos os maus espíritos e para que me sirva de proteção e ajuda na Arte.*

Se desejar, em vez de usar a palavra **matéria**, pode designar a substância ou objeto específico que está consagrando: água, sal, defumador, vela etc.

Consagração dos Primeiros Utensílios

Para começar, abençoe a água. Em seguida, coloque uma pequena porção dela no recipiente pequeno e misture uma pitada do sal já abençoado. Feito isso, recite a mesma bênção descrita anteriormente sobre os defumadores e seus acessórios (base, caixa de fósforos), enquanto os asperge com a água, usando o aspersório feito com ervas consagradas. Abençoe também o recipiente de que falei (caixa ou móvel) e guarde nele todo esse material.

Depois de consagrar a água, o sal e os defumadores, você deverá fazer o mesmo com o altar e o tapete-templo, os consagrando para poder abençoar os outros objetos em lugar sagrado. Cumprido esse ritual, você terá tudo que é necessário para consagrar todos os outros materiais e instrumentos mágicos.

Consagração dos Objetos da Arte

Lembre-se de que sempre utilizará nesse ritual a água misturada com sal, o defumador de Mercúrio e o aspersório de ervas.

Sempre que adquirir um objeto ou material para a Arte, você deve ter o cuidado de limpá-lo e de providenciar logo um recipiente para guardá-lo ou, se for o caso, o envoltório de tecido que você aprenderá a fazer mais adiante. Feito isso, prepare tudo para realizar sua consagração. Escolha um dia de Mercúrio que caia no Quarto Crescente, e uma hora diurna de Mercúrio. Mas somente realize a operação se, no dia escolhido, o céu estiver claro e o tempo agradável.

No momento determinado, abra o tapete no local adequado e arrume sobre ele todo o material necessário. Esse cuidado é muito importante porque, depois de traçar o círculo mágico, você não poderá sair para pegar objetos fora do templo.

Depois de traçar o Círculo da Arte, como você aprenderá a fazer no capítulo correspondente, abençoe todos os materiais que empregará, repetindo a cerimônia de consagração para cada um deles. Feito isso, acenda o defumador e exponha o objeto a ser consagrado à sua fumaça, enquanto recita a fórmula de exorcismo:

- Eu te exorcizo, em nome de Deus, a quem peço que retire de ti todo mal e todo erro.

A seguir, asperja o objeto com a água abençoada, recitando a seguinte fórmula de consagração:

- Que Deus Todo-Poderoso dê força e virtude a esse material, consagrando-o para que seja bom e eficaz para todos os meus desejos.

Feito isso, coloque o objeto em seu recipiente ou envoltório e ponha-o no lugar que reservou para guardar os instrumentos da Arte.

Preparação dos Objetos para uma Operação Mágica

Quando for utilizar algum instrumento, retire-o do seu envoltório e, antes de usá-lo, recite a seguinte conjuração:

- Eu te conjuro, em nome de Deus, de quem recebeste força e eficácia, e por quem foste exorcizado e consagrado, para que tudo que eu fizer contigo tenha bom resultado.

Quando for utilizar algum material, retire do seu estoque somente a quantidade necessária para o que vai fazer no momento. Antes de usá-lo, recite sobre ele essa mesma conjuração.

CAPÍTULO 6
Sobre os Instrumentos de Metal Usados nas Operações Mágicas

Os principais instrumentos metálicos utilizados nas operações da Arte são a espada, que simboliza o ar, e a faca. Esses objetos são pessoais e não podem ser compartilhados com outros magos. Portanto, se você for trabalhar com um grupo, cada um de seus membros deverá ter seus próprios instrumentos.

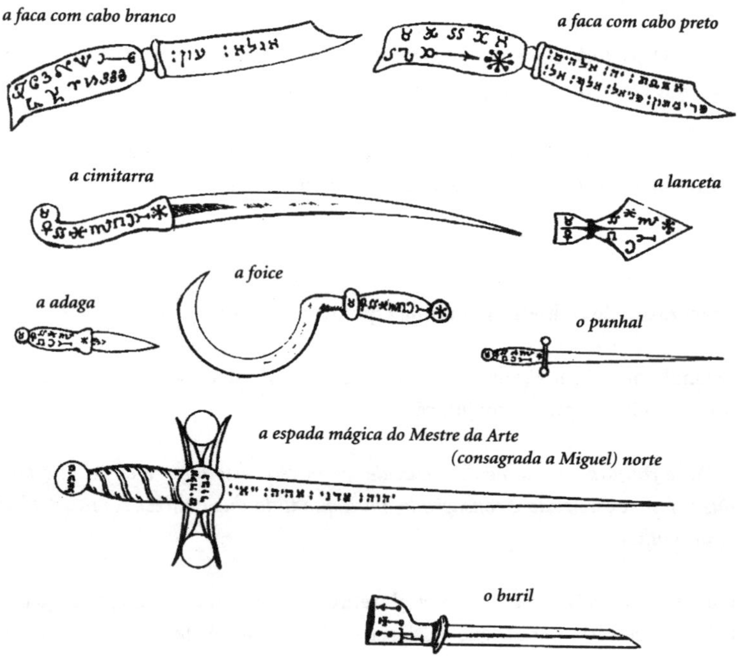

A Espada

A espada não precisa ser grande nem rica; o essencial é que seja nova. Logo depois de adquiri-la, faça uma bainha para ela seguindo as instruções que encontrará mais adiante. Ao fazer o molde, desenhe o contorno da lâmina até junto do início do punho, deixando este de fora.

Desenhe ou borde na bainha, além de qualquer outro sinal que desejar, um símbolo do nome que pretende dar à espada. Esse nome será um segredo seu e deve expressar o que ela representa para você; por isso, escolha-o com cuidado. Faça a alça da bainha de modo que, durante o ritual, possa pendurá-la em seu cinto.

Feito isso, limpe a espada, polindo-a bem, em um dia e hora de Mercúrio. A seguir, faça o ritual de consagração, também em um dia e hora de Mercúrio, com Marte em Áries ou Escorpião, e com a Lua Crescente ou Cheia. Siga o ritual geral descrito no capítulo sobre a consagração dos instrumentos da Arte.

A Faca

A faca é um dos instrumentos mais importantes da magia cerimonial. Ela faz parte do equipamento que compõe o altar no centro do círculo e é utilizada na realização de inúmeras operações mágicas, inclusive o próprio traçado do círculo. Como instrumento do ar, forma par com a terra e também com a água, sendo a polaridade ativa junto aos elementos de polaridade receptiva.

Além disso, também é usada na preparação de materiais rituais: no corte de plantas, no entalhe de símbolos etc. Nas tradições mágicas dos antigos povos agrícolas, que não tinham instrumentos guerreiros como a espada, a faca exercia todas as funções dela, sendo o distintivo do poder do mago.

Para poder realizar corretamente as grandes operações da Arte, são necessárias duas facas: uma de cabo branco e outra de cabo preto. A de cabo branco é usada para fazer tudo que seja necessário para as operações da Arte, exceto traçar o círculo; isso é feito com a faca de cabo preto, que é preparada de modo a incutir temor nos espíritos. Compre facas com cabos de madeira ou plástico, para que você possa gravar neles os caracteres necessários, usando o buril ou uma caneta marcadora de tinta indelével. Para escrever nas lâminas, use essa mesma caneta ou uma broca fina usada para gravação em pequenos objetos.

A faca com cabo branco deve ser preparada em um dia e hora de Mercúrio, com Marte no signo de Áries ou Escorpião e a Lua Crescente ou Cheia. Depois de escrever no cabo e na lâmina os caracteres mostrados na figura, segure a faca pelo cabo e passe a lâmina três vezes pela chama de uma vela, até que o metal fique vermelho, e a cada vez mergulhe-a em licor de anis. A seguir, perfume-a com um defumador de Marte, que você aprenderá no capí-tulo dedicado a este assunto.

Você deve fazer bainhas para suas facas. A seguir, realize o ritual de limpeza e consagração no mesmo dia e hora designados para a espada.

A faca com cabo preto é preparada da mesma forma, com as diferenças de que esse preparo é feito em um dia e hora de Saturno, e o líquido usado é suco de arruda fresca, espremida e coada. Os caracteres a serem gravados em cada faca estão no desenho.

Outros Objetos Metálicos

Além desses, podem ser usados diversos instrumentos adicionais, de acordo com as necessidades específicas de uma operação mágica. Com o tempo você irá adquirindo seu arsenal, que poderá incluir um punhal, uma adaga, uma cimitarra, uma foice e uma lança de cabo curto ou lanceta, parecida com o bisturi, mas com o corte em uma ponta afilada.

Existem mais alguns objetos metálicos que fazem parte do instrumental do mago, embora não sejam usados diretamente no ritual, mas sim no preparo de materiais. Um desses instrumentos é a agulha de costura comum. Ela é necessária para costurar vestimentas, envoltórios para objetos rituais, saquinhos para amuletos etc.; serve também para gravar letras e símbolos em peças pequenas e macias, como folhas e pétalas. A tesoura é necessária para cortar tecido, papel, arame fino etc. É conveniente que você tenha uma para artesanato e outra para costura, pois a tesoura usada em papel e outros materiais fica cega para cortar pano. Outro instrumento imprescindível e tradicional é o buril ou estilete, que pode ser qualquer ferramenta com uma ponta afilada com a qual você possa gravar sinais em cera, argila e madeira macia.

Esses instrumentos devem ser virgens e utilizados unicamente para esse fim. Faça saquinhos de seda branca para guardá-los e consagre-os da mesma forma descrita para a espada.

Envoltório para os Objetos Metálicos

Esses objetos deverão ser guardados em uma bainha ou sacola. O material e o instrumental necessários, descritos a seguir, deverão ser consagrados antes do uso.

O material é o seguinte:

- seda ou couro sintético branco;
- uma folha de papel suficientemente grande para que o objeto caiba inteiro sobre ele;
- lápis;
- tesoura para papel;
- tesoura para tecido;
- linha branca;
- agulha;
- linhas de bordado ou canetas para tecido;
- fita forte ou cordonê branco.

Coloque a peça (espada, punhal ou outro objeto) sobre o papel. Risque o contorno, deixando uma borda de 1 cm na volta toda (ou mais, se a peça tiver partes muito grossas). Recorte esse molde e com ele corte duas peças iguais no tecido ou couro, deixando uma borda para a costura.

Antes de montar o envoltório, pinte ou borde palavras ou símbolos adequados. Esse trabalho deve ser feito em dia e hora de Marte. As inscrições essenciais estão mostradas na figura; mas você pode fazer uma meditação para visualizar outras coisas que devem ser desenhadas, deixando-se guiar pela intuição, ou pode escolher intencionalmente, por exemplo, nomes protetores (de Deus, dos arcanjos), signos do Zodíaco, símbolos dos planetas etc.

Inscrições para as espadas dos companheiros

. espada consagrada a Gabriel (companheiro do oeste)

na ponta do cabo

1. כרדיא גבריאל

na guarda

2. רגיון

na lâmina

3. פנוראים ✠ היאטשין

. espada consagrada a Rafael (companheiro do sul)

na ponta do cabo

4. אוריאל

na guarda

5. סריון

na lâmina

6. גטורין ✠ דבלין

. espada consagrada a Rafael (companheiro do leste)

na ponta do cabo

7.

דמיאל רפאל

na guarda

8.

ימטון

na lâmina

9.

למדין ✠ ערדים

Inscrições para os envoltórios

um lado

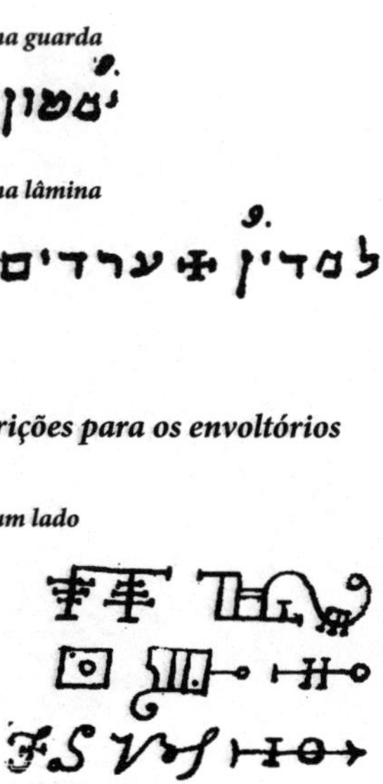

outro lado

אדני : אמתיה : אנאירטון :
פרימומתון : אגלא : אין סוף :
קדוש : שמהמפורש :

Terminado o desenho ou bordado, costure juntos os dois lados da peça, pelo avesso, e arremate a abertura. Com o cordonê, faça uma alça para que possa pendurar a peça no local onde ela ficará guardada ou, no caso da sacola pequena, enfie-o na bainha da abertura para poder fechar a sacola com ele.

CAPÍTULO 7
Sobre a Água e seus Acessórios

A água aparece no ritual mágico sob várias formas. Está dentro do recipiente que marca o quadrante oeste do círculo e no cálice do altar, que poderá ser compartilhado pelos participantes quando você realizar um ritual em grupo. Pura ou com sal, serve para ser aspergida sobre lugares, seres vivos e objetos nos rituais de limpeza, proteção e consagração; e é utilizada para fazer diversas preparações da Arte.

A Água

Você deve ter sempre uma reserva de água consagrada. Lembre-se de que essa água deve ser muito pura e quase sempre doce; somente para alguns usos especiais é que você poderá utilizar água do mar. Para que sua água consagrada seja bem pura, você deve recolhê-la em uma fonte, cachoeira ou rio não tocados pela poluição. Se isso for impossível, você pode, em sua própria casa, recolher água de chuva. Mas repare bem: nas cidades, quando a chuva começa a cair, carrega toda a sujeira que a poluição deixou na atmosfera. Por este motivo, essa água só deve ser recolhida depois que a chuva já estiver caindo há alguns minutos.

Utilize para coletar a água recipientes muito limpos; depois guarde-a em um frasco de vidro ou plástico cristalino incolor, com uma tampa bem firme.

Os Recipientes

O recipiente para colocar a água no círculo deve ser um pote de boca larga, incolor e transparente, de vidro ou plástico. A água a ser aspergida pode ser colocada em um recipiente igual a esse ou em um pote de cerâmica vitrificada ou metal.

O cálice do altar pode ser de vidro ou plástico transparente, ou de metal não-tóxico (não use alumínio nem cobre). Existem no comércio cálices enfeitados com arabescos de metal e pedrarias, mas um cálice simples e liso também serve perfeitamente à Arte.

Todos esses recipientes devem ser consagrados segundo o ritual já descrito, em um dia e hora de Mercúrio, com a Lua no Quarto Crescente e em um signo de água (Câncer, Escorpião ou Peixes). Eles deverão ser guardados no móvel destinado aos seus utensílios da Arte, dentro de sacolas ou embrulhados em retalhos de seda branca.

Símbolos da Água

Você pode representar a água por conchas, caramujos e outras carapaças de seres aquáticos encontrados na praia. Limpe-os bem e consagre-os antes de usar; e guarde-os em saquinhos se eles não ficarem expostos em um altar permanente.

O Aspersório (Hissope)

Para aspergir a água consagrada, de modo que ela tenha o poder de afugentar todos os maus espíritos, você deve fazer um aspersório ou hissope com ervas poderosas. Como elas secam rapidamente, esse instrumento não é permanente, mas você precisará fazer um novo aspersório a cada vez que for utilizá-lo. Depois do uso, as ervas deverão ser colocadas na natureza, para que retornem à Mãe-Terra.

O material é o seguinte:

- um raminho de hortelã;
- um raminho de sálvia;
- um raminho de arruda;
- um raminho de alecrim;
- um raminho de manjericão;
- um pedaço de fita branca;
- caneta preta.

Amarre todos os raminhos juntos, dando várias voltas com a fita em torno do cabo dos galhos, de modo a formar uma haste firme para segurar. Escreva por fora os caracteres indicados na figura. Consagre o aspersório seguindo o ritual geral.

Inscrições para o cabo do Hissope

um lado ***outro lado***

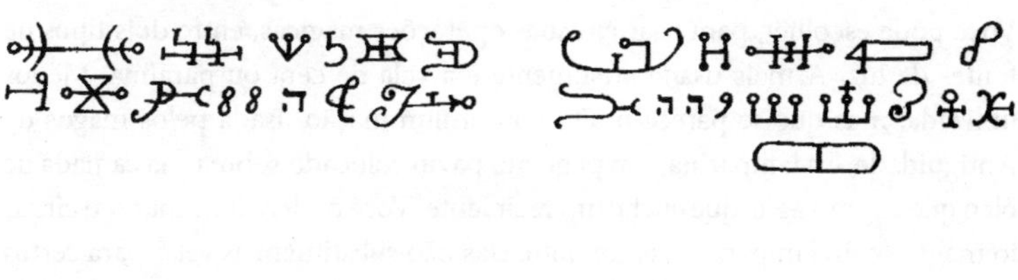

CAPITULO 8
Sobre a Luz e o Fogo

É um costume de todos os povos o uso do fogo e da luz nos lugares e atos sagrados. Por este motivo, o mestre da Arte também os emprega nos ritos mágicos, além de necessitar deles para iluminar o local de trabalho (para facilitar a leitura das orações e conjurações), para acender o defumador e todas as luzes usadas no círculo.

As Luzes do Templo

A principal luz do círculo mágico é a que fica no seu centro; ela é a primeira a ser acesa e nela se acendem todas as outras. Essa luz é fundamental porque indica que você está conectado com as forças do bem.

Além dessa luz central, o Templo da Arte, no momento do ritual, deve ter mais quatro luzes acesas, uma em cada um dos pontos cardeais.

Luminárias

Você pode escolher, para usar em suas operações mágicas, entre dois tipos de fontes de luz. A mais usada atualmente é a vela de cera ou parafina. Menos utilizada, mas que se parece muito com a iluminação usada pelos magos da Antiguidade, é a lamparina, um pequeno pavio colocado sobre uma camada de óleo que cobre a água que enche um recipiente. Você poderá iluminar seu círculo mágico com lamparinas; entretanto, elas não substituem as velas para certos usos rituais, pois a magia de velas exige uma manipulação prévia impossível de ser realizada em outro objeto. Por isso, mesmo se decidir usar lamparinas no círculo, você precisará ter velas para os rituais mágicos específicos.

Você deve estar pensando que é uma incoerência que eu tenha falado anteriormente a favor do uso de materiais modernos e que agora não sugira a substituição dessas luzes antiquadas por lâmpadas elétricas ou lanternas a pilha. O que eu posso lhe dizer é que esse é um dos grandes segredos da magia. A vela e a lamparina, que produzem uma chama viva resultante da queima da cera ou do óleo, têm um significado muito rico que a lâmpada não substitui. A cera e o óleo representam o corpo que se consome na busca da perfeição; o pavio é o espírito que anima esse corpo e que possibilita seu aperfeiçoamento; e a chama é a alma que ascende em busca do mundo divino.

É por este motivo que nos rituais você deve usar sempre velas ou lamparinas. Lâmpadas elétricas e lanternas poderão ser utilizadas se você quiser colocar uma luz permanentemente acesa no seu altar mágico (se você tiver um) ou diante de uma imagem santa, em sinal de devoção. Essas fontes de luz também poderão ser úteis quando você executar uma operação mágica à noite ou em um lugar escuro, para facilitar a movimentação e a leitura das orações.

Equipamento Básico

Compre um bom estoque de velas ou lamparinas porque, sempre que for realizar um cerimonial, você precisará usar uma boa porção delas. Mas lembre-se: mesmo que use lamparinas, o estoque de velas é obrigatório, assim como alguns castiçais para elas.

Tendo escolhido a fonte de luz que usará, adquira as bases para elas. Você encontrará todo esse material em lojas de artigos religiosos. Para as lamparinas, providencie potinhos, que podem ser tigelinhas de cerâmica ou copos de vidro grosso incolor. Para as velas, providencie castiçais de tamanho adequado, que podem ser muito simples. O material ideal é a cerâmica, para que o calor das velas não queime seu tapete ou o tampo do altar. Prefira castiçais baixos, que são mais estáveis que os altos e evitarão a ocorrência de acidentes durante seus rituais.

Além dos castiçais e potes, você precisará apenas de fósforos e de uma caixa para guardar tudo em segurança. Ao escolhê-la, lembre-se de que ela deverá ser de tamanho suficiente para conter todo o material das luminárias, inclusive os anteparos descritos a seguir, se você decidir fazê-los.

Luzes Coloridas

Se quiser acender luzes coloridas em seus rituais, faça anteparos transparentes para as luminárias. Mas tome muito cuidado: não empregue para isso materiais inflamáveis, como plásticos, para não correr o risco de ter um acidente sério em seu templo. Por esse mesmo motivo, não coloque esses anteparos muito próximos da chama, seja qual for o material que utilizar.

O material necessário é o seguinte:

- arame fino (para fazer flores);
- papel celofane ou de seda (ou pano finíssimo) nas cores desejadas;
- tesouras de artesanato e de tecido;
- alicate de ponta, pequeno (para artesanato);
- cola branca (se usar papel) ou agulha e linha (se usar tecido);
- papel de rascunho;
- fita métrica flexível;
- lápis.

Coloque uma base de luminária sobre o papel e risque seu contorno. Depois, com a fita métrica, meça 2 cm para fora desse contorno: marque vários pontos a essa distância em torno do risco e, unindo-os, trace um novo círculo maior que o primeiro. Aplique a fita métrica sobre esse novo círculo, na volta toda, para saber qual é seu comprimento. Corte dois pedaços de arame com essa medida e mais cerca de 3 cm de folga. Faça dois círculos com esses arames. Feche cada um deles torcendo juntas as pontas do arame.

Modo de fazer anteparos coloridos para luminárias

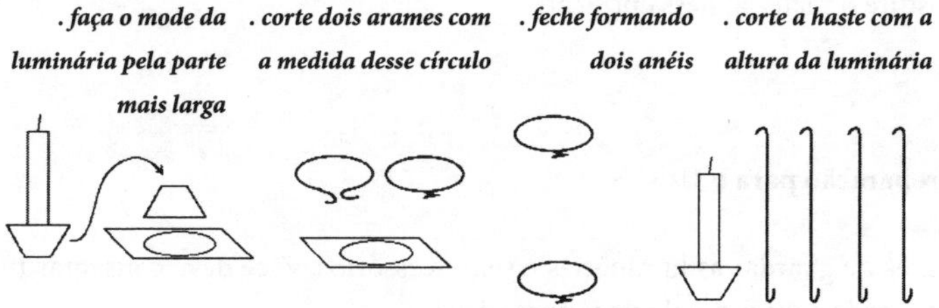

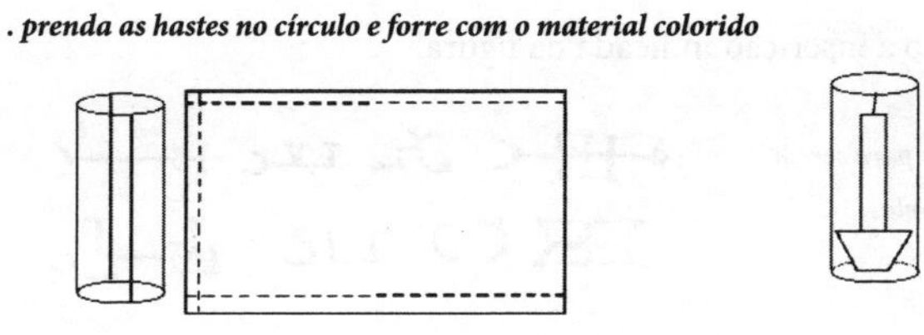

Monte sua luminária completamente e acenda a luz, para verificar a que altura máxima chega sua chama. Risque no papel de rascunho um retângulo cuja altura será essa medida, mais cerca de 2 cm de folga; e cujo comprimento será aquela medida do círculo que você usou para fazer os anéis de arame. Use esse molde para cortar retângulos no papel ou tecido colorido, deixando uma margem de 1 cm na volta toda para a montagem da peça.

Usando a mesma medida da altura da luminária mais 2 cm, corte de quatro a seis pedaços de arame, deixando uma sobra de 3 cm em cada um. Dobre uma das pontas de todos esses arames e prenda-os em uma das argolas, dispondo-os a intervalos regulares. Feito isso, repita o procedimento e prenda a outra argola na outra extremidade dos arames; você terá o esqueleto de um cilindro.

Forre essa armação com o papel ou tecido colorido, fechando-o no formato de um tubo (com cola ou costura). Arremate as aberturas do tubo dobrando a sobra do papel ou tecido de modo a prendê-lo no anel de arame, e cole ou costure o material nessa posição.

Preparação para o Uso

Antes de guardar as luminárias e seus acessórios, você deve consagrar tudo, de acordo com o ritual que já aprendeu.

As velas terão a inscrição indicada na figura.

. inscrições para serem feitas nas velas

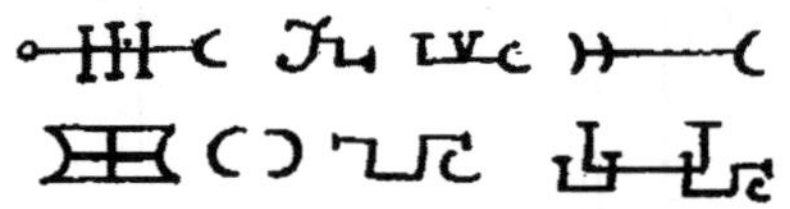

Quando acender cada luminária no início de uma operação mágica qualquer, você deverá exorcizar o fogo recitando a seguinte fórmula enquanto mantém as palmas das mãos voltadas para a chama:

– Eu te exorcizo, criatura de fogo, em nome do Senhor, para que possas iluminar o coração dos espíritos que eu chamar a este círculo, para que eles venham sem mentira e sem maldade. Por Deus nosso Senhor. Amém.

Velas para Encantamentos

Quando for usar uma vela para uma finalidade específica, você deverá prepará-la de um modo especial. O material necessário é o seguinte:

- uma vela do seu estoque, já consagrada;
- o estilete consagrado da Arte;
- óleo consagrado (sobre o qual você lerá mais adiante).

Limpo e purificado de corpo e alma, como explicarei no capítulo sobre a preparação pessoal do mago, você pegará a vela e, com o estilete, gravará em toda ela palavras, desenhos ou frases que descrevam seu objetivo ou desejo. Feito isso, pegue uma pequena porção do óleo e, com os dedos, vá untando a vela inteira, enquanto concentra os pensamentos em seu pedido.

Faça isso em uma hora de Mercúrio, no dia escolhido para realizar a operação mágica. Se isso não for possível, prepare a vela na véspera e deixe-a guardada com o restante dos objetos rituais.

CAPÍTULO 9
Sobre os Perfumes e os Defumadores

Você precisa entender, antes de mais nada, a diferença entre os termos *incenso* e *defumador*. Defumador é o nome correto para os materiais (ervas e resinas) que, quando se queimam, produzem uma fumaça odorífera. Muitas pessoas chamam os defumadores de *incensos*, mas esta palavra é o nome de uma resina específica, também chamada olíbano ou franquincenso. Neste livro, sempre que você encontrar a palavra *incenso*, entenda que estou me referindo exclusivamente ao olíbano.

Defumadores

Você já deve saber que os defumadores podem ser encontrados e utilizados de diversas maneiras. A mais antiga e simples, encontrada nas descrições dos velhos rituais egípcios e gregos, é a colocação de porções das resinas e ervas sobre carvões acesos. Este tipo de defumador tem uma grande vantagem: como as ervas e resinas podem ser compradas separadamente, você pode criar suas próprias combinações de aromas para cada tipo de operação que quiser realizar.

Para usar o defumador a carvão, você pode comprar um simples vaso de cerâmica refratária. Se você o encher até a metade com areia, pondo o carvão por cima, e colocá-lo sobre um prato também de cerâmica, poderá carregá-lo durante o ritual sem se queimar.

Se preferir, você pode usar um turíbulo semelhante aos utilizados nas igrejas. Pendurado por correntes, ele pode ser balançado de modo a espalhar a fumaça na direção desejada.

Se não quiser trabalhar com carvões acesos, você pode escolher entre os dois tipos de defumadores prontos para queimar disponíveis no comércio: os tabletes, mais conhecidos por quem trabalha com rituais das religiões afro-brasileiras, e os bastões de origem oriental. O tablete exige apenas um pires de material refratário onde possa ser apoiado. O bastão precisa de um suporte onde sua extremidade possa ser enfiada, de modo que ele fique de pé. Se quiser acender vários bastões ao mesmo tempo e não puder comprar diversas bases, ou se desejar ter bases de cores variadas, uma boa alternativa é fixar bolas de massa plástica para modelagem sobre pequenos pires de cerâmica ou pedaços de ladrilhos, e enfiar a ponta de cada bastão na mâssa, na posição desejada.

Você encontra tabletes e bastões em muitos aromas diferentes. Alguns são destinados a finalidades específicas, enquanto outros são aromas isolados de ervas, flores, resinas ou madeiras. Acendendo dois ou mais deles juntos, você poderá criar muitas combinações de aromas, de acordo com as necessidades do ritual.

Perfumes

Saiba que, além dos defumadores, você pode empregar os aromas sob a forma de perfumes. Ervas aromáticas frescas podem ser espalhadas no ambiente; se forem postas no chão, soltarão seu perfume conforme forem sendo pisadas durante o ritual.

Infusões de ervas em água (os banhos de cheiro), essências e perfumes comprados no comércio podem ser usados para aspergir lugares, objetos e pessoas.

O aquecedor de perfumes é atualmente uma boa alternativa para o defumador, especialmente no caso de pessoas alérgicas à fumaça. Ele pode ser encontrado nas lojas de artigos mágicos e religiosos; consiste em uma base para acender uma pequena vela, sobre a qual fica um potinho em que você pinga uma pequena porção da essência. O calor da vela faz a essência evaporar e perfumar o ambiente.

Preparaçao para o Uso

Quando comprar seu material aromático – bastões, tabletes, misturas para pôr no carvão, ervas e resinas isoladas, essências, perfumes, bases, carvões e fósforos –, você deve exorcizá-lo recitando a seguinte fórmula:

Deus Todo-Poderoso e misericordioso, abençoai essas matérias odoríferas para que elas tenham força, virtude e o poder de atrair os bons espíritos e afastar os maus. Por Vós, Senhor, que viveis e reinais por todos os séculos dos séculos. Amém.

A seguir, asperja tudo com a água consagrada e guarde cada material em um saquinho plástico individual, para que seus aromas não se percam nem se misturem. Guarde todo o material em uma caixa.

Quando acender o carvão ou os defumadores prontos, no início do ritual, exorcize o fogo:

Eu te exorcizo, criatura do fogo, em nome de Deus, para que todos os maus espíritos saiam de ti e sejam incapazes de causar mal de qualquer forma. Pelo santo nome do Senhor. Amém.

Principais Aromas Utilizados para Atrair os Espíritos dos Planetas

Sol – canela, olíbano (incenso), sândalo, açafrão, louro
Lua – cânfora, âmbar, jasmim, limão, lírio
Marte – absinto, pimenta-da-jamaica, coentro, almíscar, manjericão
Mercúrio – funcho, alfazema, aneto, cravo-da-índia, estoraque
Júpiter – noz-moscada, bálsamo, aloé, cedro, cravo
Vênus – rosa, violeta, benjoim, baunilha, ilang-ilang
Saturno – mirra, patchuli, vetiver, cipreste, algália

Principais Aromas Utilizados para Atrair os Espíritos dos Elementos

Fogo – coentro, manjericão, canela, olíbano
Água – jasmim, limão, nardo, mirra
Ar – gálbano, funcho, alfazema, cravo
Terra – vetiver, verbena, aneto, rosa

Usos Mágicos de Alguns Aromas

Alfazema (Lavanda): de Mercúrio. Protege e favorece a clarividência.
Almíscar (Musk): de Marte. Favorece paixão e sensualidade.
Anis: de Mercúrio. Propicia sorte e lucro nos negócios.
Benjoim: de Vênus e da água. Favorece harmonia e amor.
Canela: do Sol. Traz sorte e prosperidade.
Cânfora: da Lua. Favorece mudanças e rompimentos.
Cedro: de Júpiter e da terra. Dá sucesso, fortuna e sabedoria.
Flor-de-laranja (Nerol): do Sol e do fogo. Propicia energia e otimismo.

Hortelã (Menta): de Marte e da água. Favorece libertação e vitória.
Incenso (Olíbano): do Sol e do fogo. Protege e propicia sucesso e ascensão.
Jasmim: da Lua e do ar. Atrai amor, fertilidade e prosperidade.
Lírio: de Júpiter. Propicia alegria e felicidade.
Louro: do Sol e do fogo. Atrai ganhos e poder.
Maçã: de Vênus e da água. Favorece abundância e fertilidade.
Mirra: de Saturno e da terra. Atrai sucesso, riqueza e longevidade.
Noz-moscada: de Júpiter e da água. Propicia prosperidade e proteção.
Pinho: de Saturno e da terra. Favorece clarividência, proteção e firmeza.
Rosa: de Vênus e do ar. Favorece amor, união e harmonia.
Sândalo: de Marte e do fogo. Favorece amor, sorte e fidelidade.
Verbena: de Vênus. Traz criatividade, amor e alegria.
Violeta: de Mercúrio e do ar. Traz sorte, harmonia e paz.

CAPÍTULO 10
Sobre os Bastões do Mago

Antes de mais nada, você precisa aprender a diferença entre os dois tipos de bastões usados pelo mago, que são a varinha e o cajado. Saiba que o cajado é o símbolo da autoridade do Mestre da Arte e é análogo a muitos objetos tradicionais. Quando Moisés foi desafiado pelos magos da corte do faraó, foi através da comparação entre os poderes de seus cajados mágicos que se evidenciou a força do Deus de Israel. O cajado dos líderes religiosos e a vassoura da bruxa são símbolos de poder. Mas talvez o que mais se aproxime do bastão do mago seja o cajado do peregrino: ele ao mesmo tempo é o apoio ao longo do caminho e o símbolo da autoridade do missionário que leva a palavra de Deus aos povos distantes.

Você já percebeu que o cajado é grande e serve como apoio para o corpo. Já a varinha é um instrumento pequeno com o qual o mago realiza suas operações mágicas. Dizem os mestres que a varinha é uma antena com a qual o mago concentra e direciona a energia dos espíritos que conjurou. Portanto, ela não é meramente simbólica, mas um verdadeiro instrumento de trabalho. A varinha mágica das fadas e o cetro dos reis são bastões que encerram em si o poder de seus donos. O bastão do deus Hermes, chamado *caduceu*, envolto por duas serpentes que representam vigilância, é o símbolo do poder curador do médico.

Faça seu Bastão

Seu bastão mágico deverá ser feito de um galho de uma árvore, trabalhado por você mesmo, com sua faca de cabo branco. Muitas árvores são usadas para esse fim. Entre as encontradas no Brasil, você pode escolher, por exemplo, entre a amendoeira, o sabugueiro, a videira e o bambu. Se não conseguir encontrar nenhuma destas, você também poderá usar galhos de mangueira ou figueira-da-índia.

Antigamente, sempre que o mago precisava de algum material da natureza, simplesmente colhia-o à sua vontade. Atualmente, com o crescimento da preocupação com o bem-estar da natureza, você deverá sempre ter em mente a necessidade de evitar o sofrimento desnecessário de um ser vivo. O que isso tem a ver com seu bastão? É simples: você deverá tentar, por todos os meios, obter um galho que já esteja cortado, sem precisar ferir a árvore unicamente para esse fim. Uma possibilidade é pegar um galho que tenha caído espontaneamente, por exemplo, depois de uma ventania forte. Se isso não se mostrar possível, tente obter um galho quando algumas dessas árvores estiver sendo podada de acordo com a rotina do seu cultivo anual.

Depois de escolher a árvore em questão, providencie o material necessário para realizar junto a ela um pequeno ritual simbólico da coleta do galho. Você precisará de sua faca bem afiada e de uma oferenda simples, que pode ser uma fruta ou um maço de ervas frescas.

Chegando perto da árvore, peça-lhe licença para pegar um de seus galhos, explicando para que precisa dele; também peça licença aos espíritos protetores dos vegetais. Repare que você não precisa fazer um grande discurso diante da árvore, especialmente se houver outras pessoas em torno: basta concentrar-se e fazer mentalmente seu pedido.

Coloque sua oferenda junto à raiz da árvore. A seguir, procure um galho adequado. Para fazer um cajado, escolha um galho de comprimento e grossura suficientes para que você o use para apoiar-se no chão. Se você ficar de joelhos, o cajado deve ter um comprimento igual à distância entre o chão e seu queixo. Para fazer uma varinha, escolha uma que tenha o tamanho (cerca de dois palmos), a grossura e o feitio adequados para que você a segure como uma batuta de maestro.

Para representar o corte do galho, firme-o no chão e, com sua faca, corte uma pequena porção da parte em que ele se partiu, como se estivesse nesse momento separando-o da árvore. Limpe o galho de raminhos e folhas, e deixe tudo ao pé da árvore.

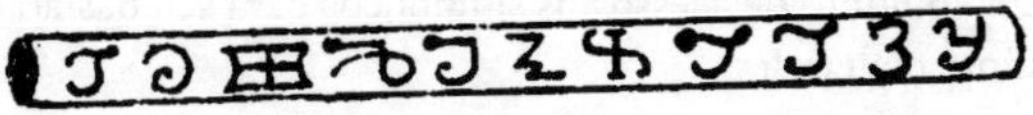

o cajado

a varinha mágica

Chegando em casa, deixe a madeira secar bem, pelo tempo suficiente. Depois lixe-a, grave ou pinte a inscrição mostrada no desenho e envernize ou encere a madeira. Finalmente, consagre seu bastão seguindo o ritual que já conhece. Faça um saco de seda branca, seguindo o mesmo procedimento explicado para os instrumentos de metal, para guardar seu bastão quando ele não estiver sendo usado.

Acessórios para os Cajados

O cajado pode ser usado com símbolos de elementos, planetas ou divindades, de acordo com o ritual que você queira realizar e o poder que deseje comandar. Esses símbolos são fixados no topo do cajado.

Você pode fazer, para começar, um conjunto simples com símbolos dos quatro elementos e dos planetas, que você já aprendeu anteriormente. Com o tempo, estudando as correspondências simbólicas de várias tradições, você terá muitas idéias a respeito de diferentes bastões de poder para qualquer finalidade para a qual você deseje realizar uma cerimônia mágica.

Para fazer um conjunto de acessórios simbólicos para seu bastão, você precisará do seguinte material:

- cartolina branca;
- fita métrica;
- lápis;
- tesoura;
- cola branca forte;
- objetos simbólicos: cristais, conchas, penas, ervas, sementes, medalhas etc.

Com a fita métrica, meça a circunferência da ponta superior do bastão. Desenhe na cartolina um retângulo que tenha o lado maior com essa medida e o menor com 4 cm. Lembre-se de deixar bordas em um dos lados maiores e em um dos menores para colagem.

Coloque a ponta do bastão sobre a cartolina e risque seu contorno. Recorte esse disco. Feche o retângulo pelos lados menores, formando um tubo. Dê pequenos cortes na borda de colagem que ficou em uma das aberturas do tubo. Dobre para dentro as aletas formadas e cole sobre elas o disco, fechando o tubo. Você terá feito um dedal de cartolina, que poderá ser encaixado na ponta do bastão sempre que você quiser.

Faça quantos dedais desejar. Cole em cada um deles um objeto simbólico, usando a cola branca. Guarde esses dedais em uma caixa, para que não se deformem nem rasguem. Lembre-se de que todos deverão ser consagrados da mesma forma como o bastão o foi.

CAPÍTULO 11
Sobre o Papel, a Pena e a Tinta

Saiba que você irá escrever e desenhar em muitas ocasiões durante seus trabalhos de magia. Você poderá precisar, por exemplo, escrever a fórmula de um encantamento ou uma oração; fazer um amuleto com desenhos, nomes ou frases; ou confeccionar algum objeto para seu templo, como um cartaz com o símbolo de um planeta, uma forma geométrica com desenhos e nomes escritos, uma sacola ou caixa para guardar algum objeto. Tudo isso precisará ser feito com material consagrado para a Arte; até mesmo ao escrever seu Livro das Sombras (sobre o qual lerá mais adiante) você deverá usar instrumentos consagrados.

No tempo em que foi escrita a versão original deste livro, as pessoas escreviam com penas de aves cuja haste, cortada de modo a formar uma ponta aguçada, era molhada na tinta. Esta freqüentemente também era feita em casa, utilizando fuligem, corantes de plantas e outros materiais. Hoje em dia, entretanto, temos à nossa disposição muitos materiais que facilitam e dão maior versatilidade às nossas atividades de escrita e desenho. Em compensação, principalmente para quem mora nas grandes cidades, seria muito difícil conseguir ter acesso às matérias-primas necessárias para produzir seus equipamentos por conta própria.

Como eu disse anteriormente, não é necessário que você utilize exatamente os mesmos materiais empregados pelos antigos magos. O fundamental é que o seu equipamento de desenho e escrita, assim como todos os outros instrumentos destinados à magia, sejam comprados exclusivamente para esse fim, consagrados de acordo com o ritual e guardados em local adequado, junto com os outros objetos do seu templo.

Instrumentos Essenciais

Prefira trabalhar com lápis de cor em vez de canetas hidrográficas porque, além de seu trabalho feito com elas poder ficar borrado se pingar algum líquido nele, a tinta dessas canetas dura pouco tempo e elas podem até secar sem terem sido muito usadas.

Se você comprar uma caixa com seis lápis, já contará com as cores básicas necessárias para colorir os símbolos e nomes ligados a todos os elementos e planetas, uma vez que você poderá trabalhar com as cores isoladas ou combinadas. Se quiser fazer um trabalho mais sofisticado e se puder gastar um pouco mais, existe no comércio uma grande variedade de estojos com até 48 lápis, além de existirem lápis aquareláveis e até mesmo belíssimas cores metálicas e fluorescentes. Se gostar, você também poderá trabalhar com lápis-cera.

Para fazer os trabalhos de escrita e desenho você precisará ter, além dos lápis, esferográficas azul, preta, vermelha e verde; um lápis preto, uma borracha, um apontador, uma régua, um compasso, um transferidor, um jogo de esquadros, uma fita métrica (ou uma trena), uma tesoura para papel, um pote de cola branca forte e um pincel para a cola. Como você precisará também desenhar sobre tecidos, pense na possibilidade de ter alguns potes de tintas para tecido e pincéis apropriados, embora esse trabalho possa ser executado com as esferográficas, se você quiser fazer apenas desenhos de traçado simples.

Lembre-se de incluir em seu equipamento retalhos de pano e papel para limpeza da cola e para forrar seu local de trabalho. Geralmente esse material também é consagrado para o uso mágico e utilizado somente uma vez, sendo depois queimado ritualmente.

Material para Desenho e Escrita

O material que você usará com maior freqüência será o papel comum, branco ou em cores, de acordo com a operação mágica a ser realizada. Você poderá usar papel de um bloco, folhas compradas soltas, papel de seda ou papel-espelho em cores variadas, papel vegetal e qualquer outro que se mostre conveniente. Em situações especiais, você poderá precisar de cartolina ou papel-pergaminho, mais duros e adequados para montar objetos. Ocasionalmente, peças de tecido destinadas a um determinado ritual poderão ser preenchidas com desenhos ou fórmulas escritas.

Preparação para o Uso

Todo o material destinado à escrita mágica deve ser virgem e, antes de ser guardado em uma caixa apropriada, será consagrado segundo o ritual.

A figura apresenta as inscrições que devem ser feitas nesse material. Grave-as respectivamente na caixa que guarda os lápis e canetas, na dos papéis e na das tintas e colas.

Quando precisar fazer algum desenho ou inscrição em papel ou tecido, corte apenas o pedaço necessário para a operação. Asperja-o com a água consagrada e recite a seguinte fórmula:

– Eu te esconjuro, em nome de Deus, pelo qual recebeste força e eficácia, e em cujo nome foste exorcizado e consagrado, para que tudo que eu escrever corresponda ao que eu desejo e atinja um bom resultado. Amém.

Faça o mesmo com todos os instrumentos (lápis, canetas etc.) de que preci¬sar para uma determinada operação, na hora de-usá-los.

Inscrições para o material de escrita e pintura

potes de tinta

יהוה:מטטרון:יה יה:קדוש:
אלהים צבאות:

canetas, pinceis e lápis

אנאירטון:

embalagens de papéis comuns

אגלא:אדני:
אלהי:

recipientes para cola

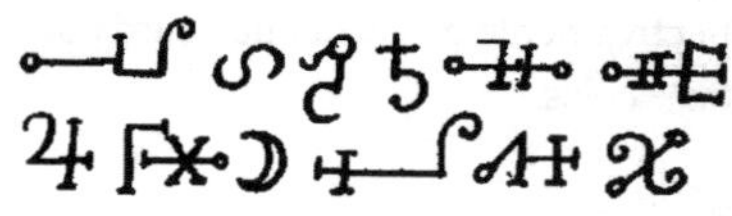

embalagens de papéis especiais e tecidos

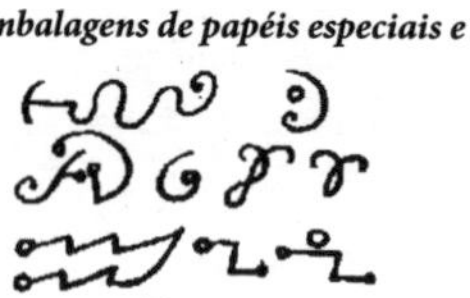

CAPÍTULO 12
Sobre os Tecidos e os Fios

Os tecidos têm diversos usos na Arte. Servem para confeccionar a vestimenta do mago, os sacos e lenços usados para guardar os instrumentos, o tapete-templo, a toalha do altar, cortinas, estandartes com símbolos planetários, saquinhos para amuletos e encantamentos, faixas e medalhas com inscrições mágicas. Os fios, linhas e fitas servem para costurar e bordar; tecer cintos, escapulários e outros adereços rituais; amarrar objetos e fazer parte de encantamentos.

Os Tecidos

Os tecidos mais utilizados na magia cerimonial são o algodão, a lã, o linho e a seda. Como eles têm características e utilidades muito diferentes, você precisará conhecê-los para saber usá-los.

A seda e a lã são isolantes; o linho e o algodão não o são. Por este motivo, sempre que precisarmos manter um objeto (ou o nosso próprio corpo) isola¬do das forças externas, faremos um envoltório de lã ou seda; mas sempre que quisermos dar passagem livre a essas forças, usaremos o algodão e o linho.

Repare que você não precisa utilizar tecidos caros. A lã e a seda artificiais são tão isolantes quanto as naturais. O tecido de algodão também pode ser bem simples, como o algodãozinho cru e o morim; e o linho pode ser usado na forma da aniagem.

Os tecidos de uso mais geral são os brancos, especialmente para a confecção dos envoltórios dos instrumentos, pois essa cor, refletindo a energia para o exterior, protege o objeto de más influências. Mas nada impede que você use qualquer cor, exceto preto e cinza que atraem e absorvem todas as energias, mesmo as indesejáveis. Você pode, por exemplo, fazer adereços, amuletos e encantamentos nas cores dos elementos e dos planetas que governam o assunto para o qual irá realizar a operação mágica.

Outros Materiais

A linha usada para os trabalhos mágicos deve ser virgem. Compre carretéis ou novelos nas várias cores necessárias para as costuras e bordados que poderá fazer, de acordo com as forças planetárias envolvidas. Você também deve comprar um pequeno estoque de fitas de diversas cores e cordões decorativos ou simples.

Outro tipo de fio muito usado nas ligaduras e amarrações é o metálico. Você poderá ter em seu estoque fios dourados, prateados e de cobre, além de fios de alumínio pintados nas cores planetárias. Também poderá aproveitar sobras de fios encapados em cores diversas.

Os instrumentos necessários para os trabalhos com tecidos e fios são uma tesoura para pano, agulhas e alfinetes. Fica a seu critério adquirir algum instrumento especial se desejar, por exemplo, confeccionar peças rituais em croché, ponto-de-cruz ou tecelagem.

Guarde todo o material de costura e bordado em uma caixa apropriada.

Preparação para o Uso

Depois de comprar o material, consagre-o segundo o ritual. Guarde os tecidos e fios por um período de sete dias com um punhado de alfazema. Feito isso, o material estará pronto para ser usado.

CAPÍTULO 13
Sobre a Cera e a Argila

Você certamente sabe que a cera e a argila são os materiais usados desde a Antiguidade para a modelagem de objetos rituais. Nos dias de hoje, você tem à sua disposição também a massa plástica que, encontrada em diversas cores, pode ser de extrema utilidade na confecção de peças para as operações mágicas. Você também pode fazer em casa a massa de *biscuit*, que é muito empregada atualmente para modelar pequenos objetos e cuja receita é encontrada em livros e revistas de artesanato.

Com a cera, você pode confeccionar velas em formatos, tamanhos, cores e aromas extremamente variados, desde que aprenda a trabalhar com esse material (o que exige algum cuidado, pois ele pode se inflamar e produzir queimaduras) e conheça as técnicas para a produção de velas.

Tanto a cera quanto a argila, o *biscuit* e a massa plástica podem ser usados para fazer medalhas em relevo (com a utilização de moldes), imagens diversas, objetos modelados e recipientes.

A massa plástica também pode ser útil para unir dois objetos sem a utilização de cola – por exemplo, quando você quiser juntar dois componentes de um encantamento. A vantagem é que os objetos podem ser separados a qualquer momento sem se estragarem. Na modelagem, a massa plástica também tem a vantagem de poder ser reutilizada e remodelada quantas vezes você desejar, enquanto a argila e o *biscuit* só podem ser trabalhados uma vez.

Modelando a Cera

Vou descrever aqui a técnica geral de trabalhar com cera. Ela servirá para fazer velas ou qualquer outro objeto modelado nesse material. O uso de essências e corantes é opcional, só necessário se você quiser fazer objetos coloridos e aromáticos.

Você precisará do seguinte equipamento:

- uma panela para banho-maria;
- fôrmas adequadas para o que deseja fazer (latas, tubos, potinhos etc.);
- óleo de cozinha para untar as fôrmas; « colher;
- velas brancas ou de cera;
- anilina solúvel em álcool;
- essências, encontradas em lojas de materiais para
- confecção de velas e perfumes;
- fixador para parafina (encontrado em lojas de materiais para
- confecção de velas);
- canecas metálicas (de preferência com um bico feito na borda) para
- preparar porções de cera com cores e aromas diversos;
- fogão ou fogareiro com suporte adequado para a panela;
- fósforos.

Você deve lembrar-se de que todo esse equipamento deverá ser consagrado para o uso exclusivo na produção de suas peças rituais, e guardado junto com seus outros instrumentos mágicos.

Coloque as velas dentro da panela e leve ao fogo brando em banho-maria, até derreterem. Se for modelar peças com cores e aromas diferentes, você poderá colocar uma porção do material dentro de cada caneca e colocá-las juntas dentro da base para o banho-maria. Quando a massa estiver mole, retire os pavios com a colher.

Unte as fôrmas com óleo. Se estiver fazendo velas, prenda uma ponta de cada pavio no fundo de cada fôrma com fita adesiva. Prenda a outra ponta em um palito, que deverá ficar apoiado na abertura da fôrma, para que o pavio fique reto e bem no meio da vela.

Retire a panela do fogo e deixe esfriar um pouco. Se desejar, misture uma pitada de anilina, algumas gotas de essência e de fixador. Despeje nas fôrmas. Deixe esfriar bem e desenforme. Guarde as velas em caixas, separadas por cor, para que seus aromas não se misturem.

Modelando Outros Materiais

A argila, o *biscuit* e a massa plástica podem ser trabalhados com as mãos ou com moldes. Como esses materiais são trabalhados a frio, não exigem fôrmas especiais, como as empregadas para a cera, que devem agüentar calor.

A massa plástica pode ser encontrada no comércio em algumas cores básicas que podem ser misturadas para criar tons intermediários ou efeitos marmoreados. A massa de *biscuit* deve ser tingida com tinta para artesanato, misturada a porções de massa já pronta. A peça de argila deve ser pintada com tinta para artesanato depois que estiver completamente seca.

Fazendo Inscrições

Muitas vezes, a peça modelada serve como base para uma inscrição ou um desenho. Você os fará usando o estilete da Arte. Para ter bons resultados, a argila e a massa de *biscuit* deverão estar ainda moles, mas a cera já deverá estar solidificada.

Preparação para o Uso

Todos os materiais e instrumentos aqui descritos devem ser virgens, comprados exclusivamente para o uso ritual. Quando os adquirir, você deve consagrá-los segundo o ritual que já aprendeu.

Guarde tudo dentro de uma caixa adequada. Na hora de usar, pegue os instrumentos de que irá precisar e a porção necessária das matérias-primas, arrume tudo sobre seu local de trabalho e recite a seguinte fórmula:

– *Anjos de Deus, eu invoco sua presença para que meu trabalho seja bom e eficaz. Amém.*

CAPÍTULO 14
Sobre as Pedras, os Metais e o Sal

O elemento terra é representado, nos rituais da Arte, pelas pedras, os metais e o sal.

O cristal incolor é usado universalmente. Entretanto, você deve saber que, como esse cristal é um amplificador de qualquer tipo de energia que chegue até ele, ele poderá ser perigoso se for colocado em um ambiente para onde sejam atraídos espíritos maléficos. Para evitar problemas, esse cristal só deverá ser posto em um lugar previamente limpo e deverá ser purificado periodicamente.

As pedras coloridas são tradicionalmente utilizadas para representar as forças planetárias das cores correspondentes, como você já aprendeu; elas agem como concentradoras dessas forças. Da mesma forma os metais, por suas cores (quando oxidados) e suas propriedades, apresentam correspondências tradicionais com os planetas. Mas desejo ensinar-lhe outro segredo da Arte, que é o valor secreto de muitas pedras e dos metais mais conhecidos, para que você possa empregá-los com sabedoria.

Usos Mágicos de Algumas Pedras e Metais

Ágata: protege contra perigos, dá bons sonhos.
Âmbar: protege as mulheres e os bebês.
Ametista: fortalece o caráter e ajuda a lutar contra vícios.
Azeviche: protege contra o mau-olhado.
Chumbo: ajuda a vencer os próprios defeitos.
Cobre: atrai o amor e fortalece as ligações amorosas.

Coral: protege contra feitiços e má sorte.
Cornalina: dá autoconfiança e coragem.
Cristal: favorece a saúde em geral.
Diamante: atrai poder e riqueza.
Esmeralda: protege contra venenos; favorece a memória.
Estanho: atrai proteção e justiça.
Ferro: dá força, coragem e vigor sexual.
Heliotrópio: protege contra feitiços e inimigos.
Imã: fortalece união e fidelidade.
Jade: protege a casa contra perigos e feitiços.
Opala: facilita mudanças.
Ouro: dá honra, poder e valor.
Pedra-da-lua: atrai simpatia e amor.
Pérola: propicia amor e fertilidade.
Prata: dá harmonia e equilíbrio.
Rubi: protege contra armas e doenças.
Safira: propicia sorte e concórdia.
Topázio: propicia simpatia.
Turquesa: dá coragem e sucesso.

Preparação da Pedra

Quando comprar uma pedra ou uma peça de um metal qualquer para uso ritual, ela deve ser purificada das influências que recebeu antes de chegar às suas mãos. Existem muitas técnicas para fazer isso. A mais simples, mas muito eficaz, é lavá-la em água corrente e deixá-la de um dia para o outro dentro de uma tigela cheia de água com sal.

Para energizar a pedra com as forças planetárias, ela deve ficar exposta ao ar livre por 24 horas, na Lua Cheia, de modo que receba as luzes do Sol e da Lua. Feito isso, consagre-a segundo o ritual que já conhece.

Se quiser consagrar a pedra para uma finalidade específica, você deve citá-la claramente quando recitar a fórmula de consagração. Por exemplo:

Que Deus Todo-Poderoso dê força e virtude a esse material, consagrando-o para que seja bom e eficaz para concentrar e enviar sobre minhas operações mágicas o poder do Sol.

Uma pedra pode representar uma força planetária; pode ser consagrada para proteger o Círculo da Arte contra forças negativas; pode servir para a vidência; e assim por diante. Mas preste atenção: cada pedra só pode ser consagrada a uma finalidade de cada vez. Se você quiser mudar o uso mágico de uma pedra, precisará limpá-la totalmente, como foi descrito anteriormente, e repetir o ritual de consagração, agora para a nova finalidade.

Quando não estiver usando suas pedras, guarde-as embrulhadas em seda branca ou na cor do planeta ou elemento a que elas foram consagradas.

O Sal

O sal costuma ser colocado no altar representando o elemento terra. Ele é acrescentado à água em diversos rituais, como banhos e aspersões. Como é usado em quantidades muito pequenas de cada vez, um quilo de sal será suficiente para muito tempo. Por isso, você deverá arranjar um pote bem fechado para guardá-lo, para que não absorva umidade nem se derrame. Você também precisará de um pires ou potinho de barro ou louça amarela, para colocar o sal no altar. Todo esse material deverá ser consagrado segundo o ritual da Arte.

Quando for preparar o material para uma operação mágica, pegue uma pitada do sal, coloque-a no pires e abençoe-a com a seguinte fórmula:

Que a bênção do Senhor esteja nesta criatura de sal, que tire dela toda malignidade e deixe todo bem entrar nela, para que me sirva de ajuda e proteção na Arte. Amém.

CAPÍTULO 15
Sobre os Óleos Usados na Operações da Arte

Preste atenção agora ao que vou lhe ensinar sobre o óleo utilizado na Arte. Saiba que você não vai precisar de apenas um, mas sim de três tipos de óleos diferentes para seus trabalhos de magia.

O Óleo de Uso Geral

O primeiro tipo de óleo serve para untar as fôrmas, quando você quiser fazer um objeto modelado como uma vela, e para alimentar lamparinas, se você as empregar para iluminar seu Circulo Mágico. Este óleo, dentro da tradição, é o azeite de oliva. Hoje em dia, seu alto preço exige que ele seja substituído por um óleo vegetal mais barato (um óleo de cozinha dos mais comuns), que pode ser o mesmo usado para as fôrmas de modelagem. O importante é que, como ocorre com todo o seu material, esse óleo seja comprado exclusivamente para esse fim e que seja consagrado segundo o ritual da Arte.

O Óleo Ritual

O óleo de uso ritual é o empregado para ungir velas, imagens, objetos, lugares e seres vivos que você pretenda abençoar. Ele costuma ser mais fino que o de uso geral; geralmente é empregado um óleo com perfume suave como o de amêndoas. Ele também deve ser comprado especialmente para esse fim e consagrado.

O Óleo das Oferendas

O terceiro tipo é o azeite que você pode precisar para preparar oferendas de alimentos para os espíritos, que aprenderá mais adiante.

Preparação para o Uso

Como você irá utilizar geralmente porções muito pequenas dos óleos, escolha com cuidado a embalagem em que eles ficarão guardados. Prefira os frascos de vidro ou plástico com tampas firmes que impedirão que ele derrame ou se suje.

Você irá precisar de um recipiente para colocar o óleo que irá usar em uma determinada operação. Esse recipiente pode ser de vidro, louça, plástico ou metal. Se desejar, providencie um recipiente adequado para quando trabalhar sob a regência de cada planeta, consultando a tabela de correspondências planetárias e usando a cor ou o metal adequado a cada um.

Se pretender derramar o óleo, procure um recipiente que tenha um bico, semelhante a uma molheira. Se precisar apenas molhar os dedos no óleo, o recipiente poderá ser um pires ou uma tigelinha simples.

Para utilizar o óleo, retire uma pequena porção, apenas o suficiente para a finalidade que tem em mente. A seguir, abençoe esse óleo recitando a seguinte fórmula:

Que Deus abençoe essa criatura de óleo, para que dela saia todo mal e que nela penetre o bem, para que ela seja forte e eficaz nesta operação da Arte. Amém.

Utilize em seguida de acordo com as necessidades da operação específica.

Para encerrar, lembre-se de um detalhe importante: você precisará ter, entre seu material consagrado, sabão e esponja para lavar os recipientes e objetos sujos de óleo depois de terminar suas operações da Arte. Esse material poderá ficar guardado em uma caixa junto com outros materiais de limpeza, que deverão ser todos eles consagrados segundo o ritual.

CAPÍTULO 16
Sobre as Inscrições que Devem Ser Feitas Durante as Operações da Arte

Como você já percebeu, a Arte da Magia utiliza, em suas inscrições, alfabetos diferentes daquele usado em nossa escrita comum. Agora você vai aprender alguma coisa sobre eles, para que possa entender o que está escrevendo e para que possa criar suas próprias inscrições, de acordo com suas necessidades.

A **Escrita Celestial** é o alfabeto hebraico mais antigo, usado pelos hebreus antes do período de exílio na Babilônia, que ocorreu no século VI a.C. (antes da Era Comum). É formado por 22 consoantes e escrito da direita para a esquerda. Seu nome deriva da tradição de que seus caracteres foram vistos pelos antigos sacerdotes hebreus entre os astros do céu.

O **Alfabeto Malaquim**, ou Escrita dos Anjos, é uma variante do hebraico antigo, da mesma forma que o Alfabeto da Passagem do Rio.

O **Alfabeto Hebraico** é a chamada escrita hebraica quadrada, pois todas as letras derivam de uma forma quadrada básica. Desenvolvido a partir do século VI a.C., sua criação é atribuída a Esdras.

O **Alfabeto dos Magos** é uma variante mais moderna do hebraico quadrado. Repare que cinco de suas letras têm duas formas: uma usada no meio e outra para o final das palavras.

Com exceção do alfabeto hebraico, empregado nas escrituras litúrgicas judaicas, os demais alfabetos são de uso exclusivo dos mestres da Arte, os únicos que podem compreender seu significado, virtude e poder.

A tabela a seguir mostra a relação entre os diversos alfabetos mágicos e sua correspondência com o nosso alfabeto comum. Estudando-a com cuidado, você ficará apto a traçar qualquer inscrição que deseje para seus experimen¬tos mágicos. Mas preste muita atenção neste detalhe: todos esses alfabetos são escritos da direita para a esquerda, como a língua hebraica. Assim, se você quiser escrever um nome usando caracteres mágicos, inverta a seqüência das suas letras. Para ler as inscrições encontradas nos desenhos deste livro você deverá seguir esta mesma regra.

Os Caracteres dos Alfabetos Místicos, Seus Sons e Equivalências

Ordem	Hebraico	Nome	Som	Celestial	Malaquim	Passagem	Magos
1	א	alef	A				
2	ב	bet, vet	B, V				
3	ג	gimel	G				
4	ד	dalet	D				
5	ה	he	H mudo				
6	ו	vau	V, U				
7	ז	zain	z				
8	ח	het	H aspirado, CH				
9	ט	tet	T				
10	י	iod	I				
11	כ	caf	K, CH gutural				
12	ל	lamed	L				

Ordem	Hebraico	Nome	Som	Celestial	Malaquim	Passagem	Magos
13	מ	mem	M				
14	נ	nun	N				
15	ס	samec	S				
16	ע	ain	parada gutural				
17	פ	pe, fe	P, F				
18	צ	tsade	Z, TZ, TS				
19	ק	cof	Q (K)				
20	ר	resh	R forte				
21	ש	shin, sin	SH (X), S				
22	ת	tau	T				
Final das Palavras							
	ך	khaf	CH alemao, gutural				
	ם	mem	M				
	ן	nun	N				
	ף	pe	P, F				
	ץ	tzade	TS				

CAPÍTULO 17
Sobre o Vestuário do Mago

De acordo com a tradição, você deve fazer sua veste ritual a mão. Se você pesquisar em vários livros, encontrará diferentes orientações em relação a essa roupa: uns dizem que deve ser preta; outros, branca. Os materiais recomendados também variam bastante.

Agora preste atenção, pois vou relatar-lhe um segredo a esse respeito, que geralmente só chega ao conhecimento de magos em níveis avançados de treinamento. A cor branca reflete de volta para o exterior todas as forças que a atingem; por isso, ela é protetora, mas bloqueia forças que o mago desejaria absorver. A cor preta faz o contrário, deixando passar todas as forças benéficas, mas é incapaz de barrar a passagem das maléficas. Compreendendo isso, você poderá entender que a roupa ideal para o mago deverá combinar as virtudes dessas duas cores.

Quanto aos materiais, o mesmo princípio se aplica. Quando o interesse é proteger-se ou evitar a perda de energia, o mago usa materiais isolantes como a seda, a lã, a borracha e, modernamente, materiais sintéticos. Quando interessa absorver e enviar energia, são usados materiais não-isolantes, como o algodão, o linho, a palha e o couro natural.

Para fazer sua vestimenta ritual (túnica, cinto e coroa), você precisará do seguinte material:

- uma peça de tecido do tipo adequado e de dimensões suficientes para cortar a túnica nas suas medidas, como será descrito adiante;
- tesouras para tecido e papel;
- alfinetes, agulha e linhas;
- cordão de algodão preto e branco (pode ser fio para crochê);

- cartolina branca;
- caneta vermelha;
- cola branca;
- fita métrica;
- papel para fazer o molde.

Seu traje mágico estará completo com um calçado e um anel de que falarei mais adiante. Depois que seu vestuário estiver pronto, todas as peças deverão ser limpas e consagradas segundo a Arte, e guardadas no local que você já deverá ter preparado para elas.

A Túnica

Essa roupa não precisa ser sofisticada nem cara. É uma simples túnica reta, ajustada na cintura por um cordão. O que se costuma recomendar é o uso de uma veste interior preta, de algodão, e outra exterior branca, de seda ou lã, de acordo com a temperatura ambiente.

Outra possibilidade é fazer somente uma túnica, com acessórios na cor da força planetária que o mago está invocando. Para escolher a cor da veste, você poderá seguir o seguinte critério: se for trabalhar com magia da terra, conjurando os elementais, use uma túnica preta, pois essa cor simboliza a terra fértil, mãe dos seres vivos. Se for trabalhar com os anjos e espíritos dos planetas, use a túnica branca que simboliza as forças celestes.

Tire a medida da sua própria altura, do ombro até o tornozelo; do contorno dos seus quadris e da extensão total de seus braços abertos (de um punho ao outro). Com essas medidas, faça um molde igual ao apresentado no desenho.

. vestimenta do mago

moldes

túnica

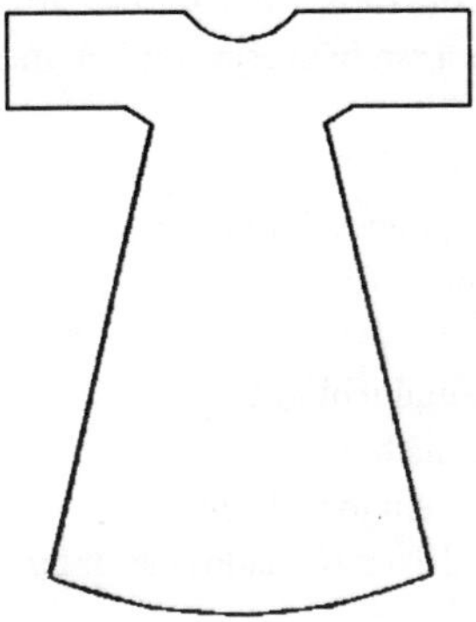

peitoral

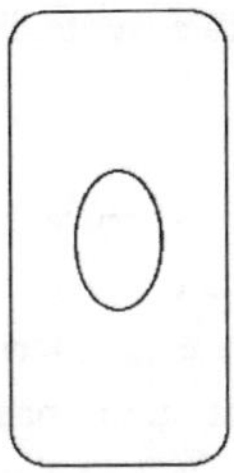

estola

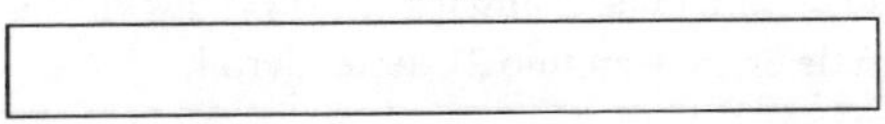

escrituras

túnica

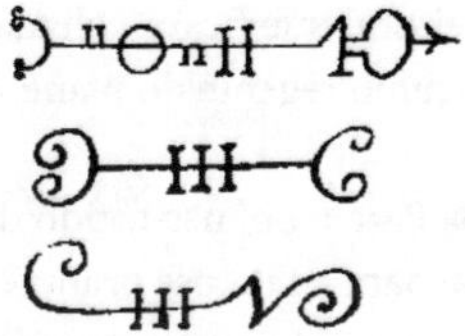

sapatos

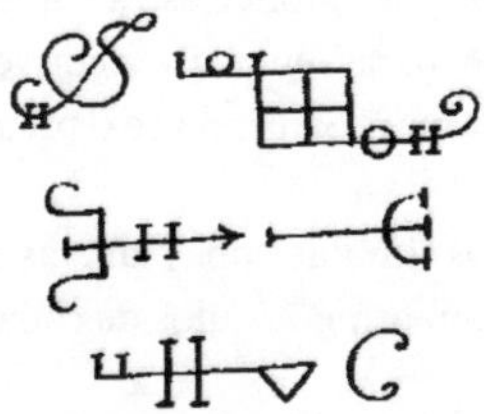

Corte esse molde no tecido dobrado ao meio na altura dos ombros, deixando uma sobra para as costuras. Lembre-se de que as mangas devem ser compridas; por isso, a largura da peça deve ser igual à distância entre seus punhos. Se não puder adquirir um tecido com essa largura toda, use as sobras das laterais da túnica para fazer uma barra nas mangas.

Usando a agulha e as linhas consagradas, costure as laterais da túnica e faça todas as bainhas. Borde no peito, com linha vermelha, a inscrição que aparece no desenho.

A Estola ou Peitoral

Sobre a túnica branca ou preta, você deverá usar uma estola ou um peitoral também de tecido, mas com cores e inscrições relacionadas à força planetária regente da operação que será feita. Você poderá bordar ou desenhar com tinta para tecidos o símbolo do planeta nas duas pontas da estola ou na parte do peitoral que ficará voltada para a frente. Poderá também escrever o nome do arcanjo regente do planeta.

- Para o Sol use tecido de cor púrpura, com apliques dourados;
- para a Lua use branco, prata e violeta em tons suaves;
- para Marte use tons de vermelho e ferrugem;
- para Mercúrio use o laranja ou um padrão multicolorido;
- para Júpiter use a cor azul em tons claros e médios;
- para Vênus use a cor verde-clara e bordados em tons de oliva;
- para Saturno use o preto, o marrom ou o anil, com bordados na cor laranja.

Os símbolos dos planetas estão desenhados no alto das gravuras que apresentam os pentáculos de cada um deles, no Capítulo 21 deste Livro I.

O Cinto

O cinto do mago deve ser feito com cordões pretos e brancos misturados. Corte três fios brancos e três pretos, medindo cada um cerca de seis a oito vezes a circunferência da sua cintura.

Junte as pontas dos fios com um nó e vá fazendo uma trancinha com os fios juntos. Faça o tipo de ponto que conhecer. Você poderá fazer uma trança de três cordões, cada um formado por dois dos fios originais. Pode também fazer uma tira de nós de macramê, ou então uma trancinha de croché com todos os fios juntos.

Continue até ter um cinto que dê duas voltas na sua cintura e deixe duas pontas que caiam até perto dos joelhos. Corte os fios, deixando uma sobra igual à que existe no início do cinto, e prenda suas pontas juntas com um nó.

A Coroa

O vestuário ritual só está completo quando conta com um adorno de cabeça, a coroa do mago. Muitas vezes, quando você realiza um ritual grego, celta, egípcio ou de outra tradição, sua coroa simbolizará alguma coisa específica. Por exemplo, você poderá usar as flores e folhas das divindades da vegetação, as coroas de reis e rainhas do céu e da terra e assim por diante. Você precisa saber, no entanto, que existe uma coroa mais simples e muito mais importante do que todas essas porque, sempre que você executar uma operação mágica, ela circundará e protegerá sua mente contra as forças exteriores.

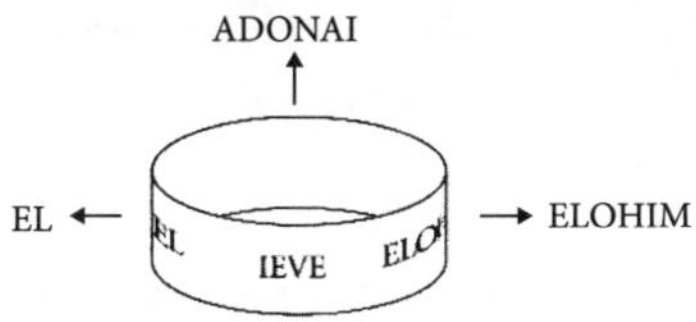

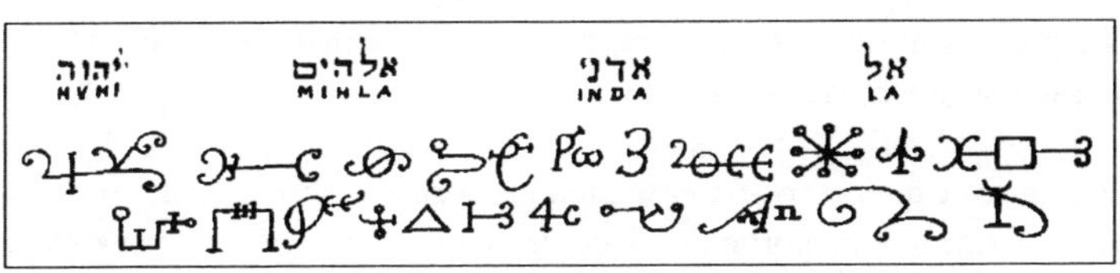

Você pode fazer essa coroa simplesmente cortando uma tira de cartolina que possa formar um anel que se encaixe na sua cabeça, na altura da testa. Escreva com a caneta vermelha, na frente, IEVE; atrás, ADONAI; à direita, EL; e à esquerda, ELOHIM. Por baixo escreva a inscrição em caracteres mágicos. Feche o círculo com cola.

Observe que essa coroa pode ser feita em cores diferentes, de acordo com a força planetária com que você for trabalhar. Use o azul para Júpiter, o dourado para o Sol, o prateado para a Lua e assim por diante. Desta forma, você terá um conjunto de coroas para todos os tipos de operações que puder realizar.

O Calçado

Você precisa saber que o calçado do mago é tão importante quanto a túnica. Ele não é apenas um adorno ou complemento do traje; sua função é isolar o mago do solo, para que ele possa controlar quando quer deixar passar energia e quando quer concentrá-la em si. Por este motivo, o mais importante é que a sola seja feita de material isolante. Antigamente, como não havia esse tipo de material, os magos isolavam-se do solo cobrindo o local do ritual com tapetes de lã. Atualmente, você pode escolher entre muitos tipos de calçados com solas de borracha ou plástico.

O tipo de calçado moderno que mais se aproxima do usado pelos antigos magos é uma sapatilha branca de couro ou napa. Desenhe na parte superior os caracteres mostrados na figura, com caneta vermelha; depois exorcize e consagre segundo o ritual da Arte.

Lembre-se de que, se você tiver um templo permanente, o calçado consagrado deve ficar junto à porta, pelo lado de dentro, para que você não ande no templo – um espaço sagrado – com calçados da rua, que trazem as forças dos espaços profanos. Se seu espaço mágico for temporário, coloque esse calçado na borda do tapete quando abri-lo no lugar onde será realizado o ritual.

Anéis Mágicos

Certamente você já ouviu falar em anéis mágicos. Todo Mestre da Arte costuma ter seu anel consagrado. Ele não é um amuleto nem um instrumento para fazer feitiços, mas o foco onde se concentra a personalidade mágica do seu dono. Por isso, esse anel é usado apenas durante a operação mágica, e não pode ser exibido publicamente. Quando o mago coloca o anel no dedo, ele completa sua transformação no Mestre do Ritual.

A situação ideal é que esse anel seja de um metal nobre (ouro ou prata), que é incorruptível por materiais naturais ou forças sobrenaturais; e que tenha uma pedra preciosa verdadeira (pelo mesmo motivo). Se isso estiver fora de suas posses, tente obter um anel de bijuteria de boa qualidade, com uma pedra semipreciosa. O metal de que o anel é feito e a cor da sua pedra dependerão do tipo de força planetária que você pretende que domine em sua personalidade mágica, dependendo da operação mágica específica que estiver realizando.

O anel do Sol será de ouro, com um brilhante ou um topázio;
o anel da Lua será de prata, com uma pérola ou um cristal;
o anel de Marte será de aço, com um rubi ou uma granada;
o anel de Mercúrio será de prata, com uma opala ou uma ágata;
o anel de Júpiter será de aço, com uma ametista ou uma água-marinha;
o anel de Vênus será de ouro, com uma esmeralda ou uma turquesa;
o anel de Saturno será de aço, com uma safira ou uma ônix.

O dedo em que é colocado o anel depende do planeta a que ele é consagrado:

- um anel de Saturno deve ser colocado no dedo médio;
- um anel de Júpiter deve ser colocado no dedo indicador;
- um anel de Marte deve ser colocado no dedo anular;
- um anel do Sol deve ser colocado no dedo anular;
- um anel de Mercúrio deve ser colocado no dedo mínimo;
- um anel de Vênus deve ser colocado no dedo polegar;
- um anel da Lua deve ser colocado no dedo mínimo.

Outros Adereços

Dependendo da operação a ser realizada e do simbolismo que está adotando em seus rituais, você poderá usar colares, medalhas, pulseiras, tiaras, broches e qualquer outro ornamento que considere adequado. Em diversos capítulos deste livro você encontrará indicações a respeito dos símbolos planetários. Com o tempo, irá aprender muito mais coisas a respeito do tema e poderá ampliar seu guarda-roupas mágico.

- Para o Sol use uma tiara de metal dourado;
- para a Lua use uma tiara de seda cor de pérola;
- para Marte use uma tiara de metal dourado;
- para Mercúrio use, pendurado no pescoço, um pingente que contenha
- um frasquinho com mercúrio;
- para Júpiter use uma medalha de bronze, com o símbolo de Júpiter
- desenhado, presa na testa por uma fita;
- para Vênus use tiara, broche e fivela de cinto de cobre polido com pedras verdes;
- para Saturno use no pescoço uma gargantilha de veludo preto tendo
- pendurada uma medalha de chumbo com o símbolo de Saturno desenhado.

Preparação do Vestuário para as Operações Mágicas

Todas as peças do seu vestuário deverão ficar guardadas de maneira apropriada quando não estiverem sendo usadas. Quando você for se preparar para uma operação qualquer, como será explicado mais adiante no capítulo sobre esse assunto, deverá aproveitar os dias que precedem o do experimento, quando você estará organizando o material necessário, para limpar suas roupas, polir seus adereços e lustrar os sapatos. Antes de vestir-se, todas as peças deverão ser perfumadas com um defumador correspondente ao regente da operação e aspergidas com água exorcizada.

CAPÍTULO 18
Sobre a Corneta e o Sino

É possível que você já tenha ouvido falar de uma velha fórmula de magia que consiste em *apagar a vela, tocar o sino e fechar o livro*. Você já aprendeu tudo que há de importante a respeito das velas; agora vou falar-lhe sobre o sino e mais adiante você lerá sobre o livro.

Como você sabe, nós temos cinco sentidos pelos quais percebemos tudo que acontece no mundo: visão, audição, olfato, paladar e tato. Para que um ritual mágico seja eficiente, é necessário que participemos dele através de todas as sensações. Um sinal para cada órgão dos sentidos anuncia, por todos os canais de percepção, que chegou a hora de nos transformarmos em nossa personalidade mágica, para que possamos entrar no Círculo da Arte e participar do mundo oculto.

Os objetos rituais falam à visão logo que entramos no templo; as roupas e os instrumentos mobilizam o tato; os defumadores alertam o olfato, que é estreitamente ligado ao paladar, eventualmente atingido, durante o ritual, por bebidas ou alimentos; e a audição é despertada pelo instrumento sonoro tradicionalmente usado para anunciar o começo do cerimonial.

São dois os instrumentos mais usados na magia cerimonial. Um deles é a corneta; o outro é o sino. A corneta é equivalente à trompa de chifre que, com o nome de **shofar**, é usada milenarmente pela religião judaica para chamar os fiéis para a sinagoga. Já a religião católica utiliza o sino para anunciar o início da missa, das festas e dos funerais.

Você pode escolher qualquer um dos dois instrumentos para completar seu equipamento mágico. O sino pode ser de metal ou vidro; a corneta será de madeira ou plástico. Como os outros instrumentos da Arte, estes deverão ser consagrados e guardados em um saco de seda branca.

. inscrições a serem feitas na corneta e no sino

um lado ***outro lado***

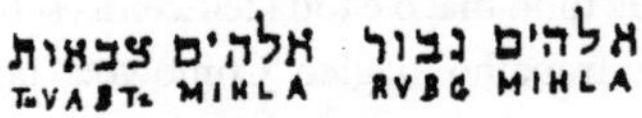

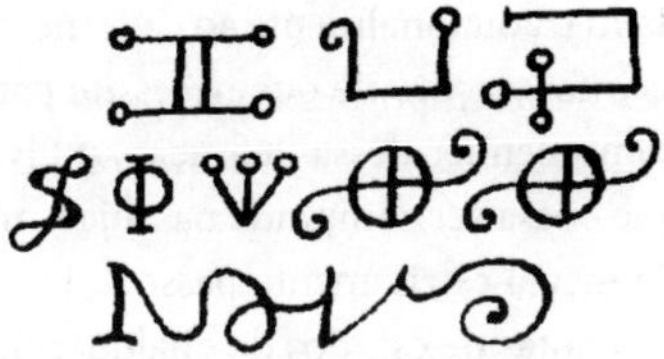

Ao consagrar seus instrumentos de som, desenhe neles, com uma caneta de tinta indelével, os caracteres mostrados na figura.

Quando for colocar um deles entre os instrumentos necessários para realizar uma operação mágica, recite a seguinte fórmula:

Que Deus abençoe o teu som e faça com que ele chame os bons espíritos e afugente os maus. Amém.

O instrumento é tocado quando você inicia uma operação mágica, logo depois de traçar o Círculo, para anunciar que o ritual está começando e para chamar a atenção dos espíritos conjurados.

CAPÍTULO 19
Sobre o Livro Mágico

Certamente você já ouviu falar sobre o Livro das Sombras. Este é o nome dado tradicionalmente ao caderno em que todo mago e toda feiticeira escreve as informações de que necessita para seu trabalho mágico. Como você pode compreender dessa definição, o Livro das Sombras não é uma obra literária, que possa ser comprada nas lojas, mas um caderno de anotações, uma agenda de magia estritamente pessoal. Da mesma forma como os resumos de aulas e as notas de estudos de qualquer matéria convencional não podem ser substituídos por um livro-texto comprado pronto, o Livro das Sombras só tem valor quando vai sendo escrito durante o treinamento pessoal, pois somente assim você terá um compêndio com tudo que leu em vários lugares e considerou importante, com os dados necessários para a organização de rituais especificamente planejados para o lugar onde mora, com os textos de orações e encantamentos que copiou e criou, com os projetos e os resultados de seus experimentos, e com as receitas e fórmulas que testou e aprovou.

Você irá usar esse livro sempre que executar uma operação mágica: ele será seu guia, seu manual prático. Escreva nele as conjurações descritas nesta obra. Além disso, ele deverá conter todas as informações de que você precisa para preparar os materiais necessários para um ritual: as características dos elementais e dos planetas; os selos e caracteres mágicos dos anjos; os textos de todas as preces; a descrição passo a passo dos rituais que for aprendendo e criando, com a lista do material necessário; e qualquer outro dado que você considere necessário anotar. Será conveniente que você anote os alfabetos mágicos, bem como as palavras em hebraico que são mais freqüentemente usadas em magia, como os nomes de Deus e dos anjos, bem como as fórmulas mágicas mais comuns.

Preparação do Livro

Quando começar a praticar a Arte Mágica, você deverá iniciar a confecção desse livro. Compre um caderno comum, do tipo e formato que preferir. O ideal é um caderno escolar comum, de tamanho pequeno ou grande, de acordo com o que você ache mais confortável usar. Esse caderno deve ser grosso pois você, ao longo do tempo, terá muitas coisas a registrar nele. Considere também que um caderno de espiral será muito mais fácil de usar do que um grampeado, pois poderá ficar aberto na página desejada sem a necessidade de presilhas ou esquemas especiais para fixá-lo.

Além do caderno, você precisará do seguinte material:

- tecido de algodão de cor lisa, para encadernar o livro;
- um pedaço de papel laminado prateado;
- modelo da Figura Mística de Salomão;
- lápis preto comum;
- caneta marcadora de tinta indelével preta;
- régua e esquadro;
- tesoura para artesanato;
- cola branca.

É comum que o Livro das Sombras receba uma encadernação preta; mas, se preferir, você pode usar outra cor, especialmente se quiser atrair para ele a proteção e a virtude de uma força planetária em particular. Encape o caderno com um tecido, que o tornará mais resistente. Corte um pedaço de tecido que cubra as duas faces do livro e também a sua lombada, e que tenha uma sobra para o arremate em toda a volta. Cole o tecido em toda a superfície de uma das capas e dobre as bordas para dentro, passando sobre a borda do cartão. Cole-as e oculte-as colando em toda a superfície da face interna da capa uma folha de papel branco. Com o caderno fechado, passe o tecido por cima da lombada. Se o caderno for grampeado ou costurado, cole o tecido na lombada. Se for de espiral, deixe o tecido solto por cima da espiral. Dê um corte na beirada do tecido de cada lado da espiral, para separar a sobra de tecido dessa região, da parte que será dobrada para dentro das capas; e arremate a sobra de tecido nas duas extremidades da espiral, sem prender o pano nela. Cole o restante do tecido na outra capa e arremate como fez na primeira.

Corte um retângulo de papel laminado um pouco menor que a capa do livro. Risque nele, com lápis, os traços básicos do desenho que está no modelo. Cole o papel sobre a capa da frente do livro e deixe secar. Com a caneta indelével, desenhe com cuidado o grande pantáculo da Arte, que é a Figura Mística de Salomão.

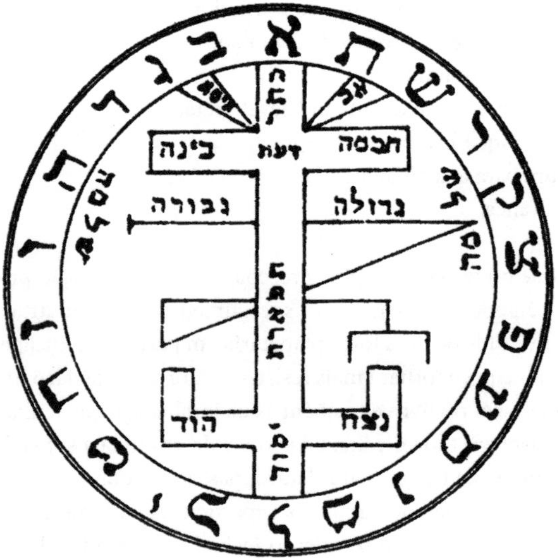

Esta figura condensa todo o conhecimento místico judaico. Ela contém os nomes das dez Sefirot (Emanações Divinas), organizadas na forma da Árvore da Vida, com o nome de Salomão escrito à esquerda e à direita.

Será útil para seu aperfeiçoamento na Arte conhecer o simbolismo da Árvore das Sefirot; por este motivo, vou descrevê-lo agora para você. Segundo a Cabala, Deus é infinito, inconhecível e imanifesto. Ele se manifesta através de emanações sucessivas, as Sefirot. Cada Sefirah (singular de Sefirot) se origina da anterior; nesse processo a emanação vai concretizando-se cada vez mais até chegar a formar o mundo material. Essas emanações, também chamadas de "esferas" (formas pelas quais são representadas nos desenhos mais comuns), organizam-se em grupos. O mais próximo de Deus é o triângulo superior, formado pelas três esferas supremas: Kether, Chokmah e Binah. Seus nomes estão no braço superior da cruz e nos dois raios que o ladeiam. A seguir vem o triângulo intermediário, formado por Chesed, Geburah e Tiferet. Se você olhar a figura verá que seus nomes estão no braço horizontal superior da cruz e na parte central do braço vertical. Repare que no cruzamento superior há um nome: esta é Daat, a esfera secreta do conhecimento, o abismo entre os níveis inferiores e o mundo divino. Abaixo vem o triângulo inferior, formado por Netzach, Hod e Yesod. Seus nomes estão no braço horizontal inferior e na região próxima do braço vertical. Por último vem Malkut, representada pelo círculo externo onde estão inscritos os 22 caracteres do alfabeto judaico (representando tudo o que existe no mundo). Agora vou dar-lhe algumas indicações acerca do significado de cada uma das esferas, para que você possa usá-las em seus rituais.

Kether

Seu nome significa coroa. É a origem de tudo, a primeira manifestação do imanifesto. Sua cor é o branco; seu arcanjo é Metatron; seu nome divino é Eheieh; seu domínio no universo é o céu Cristalino (que na astronomia moderna corresponderia a tudo que circunda nossa galáxia) e, no indivíduo, o alto da cabeça. Na jornada mística, representa a união com Deus.

• Chokmah

Seu nome significa **sabedoria**. É a energia pura e sem controle que brota de Kether, o Grande Pai. Sua cor é o cinzento; seu arcanjo é Ratziel; seu nome divino é Iah; seu domínio é o céu Estrelado (o Zodíaco) e, no indivíduo, o lado esquerdo do rosto. Na magia representa a força geradora masculina, a energia necessária para ativar os experimentos mágicos.

• Binah

Seu nome significa **entendimento**. É a forma em que a energia se cristaliza, a Grande Mãe. Sua cor é o preto; seu arcanjo é Tzafquiel; seu nome divino é Jeovah Elohim; seu domínio é o céu de Saturno e, no indivíduo, o lado direito do rosto. Na magia representa a força geradora feminina, a fôrma necessária para dar forma à intenção das operações mágicas.

• Chesed

Seu nome significa **misericórdia**. É a esfera da preservação do que já existe e do crescimento do que é novo. É o Rei Benevolente. Sua cor é o azul; seu arcanjo é Tzadquiel; seu nome divino é El; seu domínio é o céu de Júpiter e, no indivíduo, o braço esquerdo. Na magia representa a concretização das idéias.

Geburah

Seu nome significa **severidade**. É a esfera do julgamento, da punição do erro e da destruição do que é inútil ou nocivo. É o Guerreiro Poderoso. Sua cor é o vermelho; seu arcanjo é Camael; seu nome divino é Elohim Gebor; seu domínio é o céu de Marte e, no indivíduo, o braço direito. Na magia representa os poderes de ataque e defesa.

Tiferet

Seu nome significa **beleza**. É uma esfera mediadora, ponto de passagem entre as esferas inferiores e as superiores, que promove o equilíbrio de todas as forças que nela se encontram. É o Filho Salvador. Sua cor é o amarelo; seu arcanjo é Rafael; seu nome divino é Ieve, o Tetragramaton; seu domínio é o céu do Sol e, no indivíduo, o peito (o coração). Na magia representa o poder curador e a iluminação.

Netzach

Seu nome significa **vitória**. É a esfera das forças instintivas da natureza e da sexualidade. É a Jovem Sedutora. Sua cor é o verde; seu arcanjo é Haniel; seu nome divino é Jeovah Tzabaoth; seu domínio é o céu de Vênus e, no indivíduo, o ventre. Na magia representa o poder dos ritmos (música, recitação, dança), do magnetismo e da sedução.

▪ Hod

Seu nome significa **glória**. É a esfera do conhecimento e da habilidade prática. É o Jovem Mago. Sua cor é o alaranjado; seu arcanjo é Miguel; seu nome divino é Elohei Tzabaoth; seu domínio é o céu de Mercúrio e, no indivíduo, as pernas. Na magia representa a aprendizagem dos segredos das operações da magia cerimonial.

▪ Iesod

Seu nome significa **fundamento**. É a esfera da imaginação que constrói as formas antes que elas se concretizem. É a Senhora da Feitiçaria. Sua cor é o violeta; seu arcanjo é Gabriel; seu nome divino é Shadai el Chai; seu domínio é o céu da Lua e, no indivíduo, os órgãos reprodutores. Na magia representa a clarividência, o poder de criar formas mentais e de fazer viagens psíquicas.

▪ Malkut

Seu nome significa **reino**. É a esfera de concretização dos objetos materiais. É a Rainha da Natureza. Seu arcanjo é Sandaefon; seu nome divino é Adonai ha Aretz; seu domínio é a Terra e, no indivíduo, os pés e os órgãos excretores. Por conter em si os quatro elementos que formam tudo o que existe no mundo material, Malkut tem quatro cores: citrino (ar), castanho-avermelhado (fogo), oliva (água) e preto (terra). Na magia representa a concretização da intenção do ritual que, para ser bem-sucedido, sempre deve trazer a operação para Malkut através de um ato material qualquer (acender uma vela, escrever em um papel etc.).

Consagração do Livro

O Livro das Sombras é consagrado de modo especial. Em um sábado, numa hora de Saturno, coloque-o sobre uma mesa (de preferência a que você usa para realizar seus rituais), forrada com uma toalha branca. O livro deverá estar aberto na primeira folha, onde você terá escrito seu nome, o nome do livro (Livro das Sombras) e a data de seu início, desenhando no centro da folha uma estrela de cinco pontas (com uma ponta voltada para o alto) dentro de um círculo.

Acenda uma luz suspensa sobre o livro, defume-o com um aroma de Saturno e recite a conjuração:

Espíritos benfazejos e sábios, emprestem a este livro seu poder e sua virtude para que ele possa sempre servir-me, tornando bom e verdadeiro tudo que eu escreva nele, e afastando dele toda malignidade.

Repita essa operação por sete dias, sempre em uma hora regida pelo governante do dia, e usando um defumador próprio desse regente. Assim, no domingo o ritual será feito em hora do Sol e com defumador do Sol; na segunda-feira, com os elementos da Lua; e assim por diante.

A luz deverá ficar acesa permanentemente. Você pode, por exemplo, colocar uma vela de sete dias em um suporte seguro, em um lugar alto do cômodo.

Passados os sete dias, comece a usar o livro normalmente.

Anotações Sobre uma Operação Mágica

Sempre que for planejar um experimento, anote em seu Livro das Sombras todos os dados referentes a ele: quais são os espíritos regentes (planeta e elemento); quais serão os objetos, formas, cores e instrumentos utilizados; em que dia e hora a operação deverá ser realizada; orações, procedimentos e qualquer outro dado relevante.

Lembre-se sempre de começar essas anotações com o nome sagrado EHEIEH ASHER EHEIEH e terminá-las com o nome supremo AIN SOPH, mostrados na figura.

. Inscrições que devem ser colocadas no início e no fim das anotações de uma operação mágica

início

אהיה אשר אהיה:

fim

אין סוף:

CAPÍTULO 20
Sobre as Oferendas aos Espíritos

Certamente você sabe que a maioria das religiões realiza algum tipo de oferenda aos deuses ou espíritos nos quais acredita. Essa oferenda pode ser apresentada como uma refeição de comunhão entre humanos e divindades ou como uma oferta exclusiva para os deuses. Nas religiões antigas e tradicionais, a oferenda mais comum era o sacrifício de animais: os espíritos recebiam o sangue, as vísceras e a gordura; as pessoas comiam a carne. O verdadeiro significado desse tipo de oferenda não era matar para satisfazer deuses ferozes e sanguinários, mas entregar às divindades as primícias do alimento, como forma de agradecer pela abundância que elas haviam garantido até então.

Em muitas operações mágicas também é necessária a realização de algum tipo de oferenda. Ela tem a finalidade de homenagear e agradar aos espíritos invocados; não é um feitiço nem o pagamento de promessas. Entretanto, muita vezes constitui parte do ritual, sendo realizada ao mesmo tempo em que o operador faz seu pedido às entidades convidadas a receber a homenagem. Como essas entidades têm afinidade com os produtos oferecidos, serão mais facilmente atraídas desta forma do que somente com orações e conjuros.

Como a Arte trabalha com os espíritos dos planetas e dos elementos, suas oferendas costumam ser ligadas aos símbolos dessas forças. Embora não critique as práticas das outras tradições e já as tenha seguido em tempos mais antigos, a Arte Mágica, atualmente, utiliza oferendas sem matança. Saiba então que existem dois tipos principais de oferendas: o alimento e o fogo.

Oferendas de Fogo

A oferenda de fogo consiste em uma fogueira feita com madeira consagrada ao espírito homenageado. Você não precisa morar em uma casa com quintal para fazer nele uma enorme fogueira: essa oferenda pode ser simbólica e pequena.

O material necessário será o seguinte:

- uma tigela de boca larga, de material refratário ou metal;
- uma base para que a tigela aquecida não queime o local
- onde estiver apoiada;
- fósforos;
- gravetos ou lascas de madeira apropriada, que será descrita adiante.

A madeira deverá ser escolhida segundo a correspondência planetária e elemental. Assim, providencie para:

Saturno – eucalipto e pinheiro;
Júpiter – cedro e figueira-da-índia;
Marte – pimenteira e mangueira;
Sol – louro e laranjeira;
Vênus – roseira e amendoeira;
Mercúrio – sabugueiro e amoreira;
Lua – bambu e papoula (graxa-de-estudante ou hibisco);
Ar – sabugueiro e canela;
Fogo – acácia e limoeiro;
Água – jasmim-manga e coqueiro;
Terra – arruda e murta.

Deixe a madeira secar adequadamente. Depois consagre-a segundo o ritual da Arte e guarde-a embrulhada em tecido, cada tipo de madeira em um pano separado, com a indicação da espécie escrita no exterior do embrulho. Na hora de usar, depois de fazer a preparação pessoal e do templo, apanhe um punhado da madeira correspondente à força que deseja homenagear e monte com ela uma pequena fogueira dentro da tigela refratária, que deverá estar disposta sobre a base protetora, no altar do seu templo.

A seguir, trace o Círculo da Arte, acendendo as velas e os defumadores e fazendo as aspersões rituais. Por fim, acenda a fogueira e conjure a força planetária desejada, recitando a seguite oração:

Nobres e elevados espíritos, que esta oferenda seja agradável aos seus sentidos e lhes dê uma disposição favorável ao atendimento dos meus pedidos.

Encerre o ritual e desfaça o Círculo, mas deixe a fogueira queimar até o fim no mesmo lugar. No dia seguinte, em uma hora regida pela força que foi homenageada, recolha as cinzas e ponha-as junto ao pé de uma planta, em um vaso ou no solo. Lave a tigela em água corrente e guarde-a junto aos seus outros instrumentos da Arte.

Se você não está habituado a acender fogo com recursos rústicos, sugiro que, antes de tentar fazer a fogueira ritual, treine com gravetos comuns até encontrar o modo mais eficiente de fazê-la. Você pode usar algum tipo de isca, como gravetos ou carvões embebidos em álcool, ou pode derramar um pouquinho de álcool no fundo da tigela. Mesmo que você tenha muita prática com esse ritual, nunca se descuide, pois os elementais do fogo facilmente se descontrolam, podendo provocar queimaduras e até incêndios. Para evitar problemas, faça sua fogueira sempre de modo bem seguro: você pode até mesmo colocar a tigela refratária dentro de um tabuleiro de metal com água no fundo.

Oferendas de Alimentos

Essas oferendas incluem comidas e bebidas que devem ser compradas e preparadas especialmente para essa finalidade. Lembre-se ainda de que qualquer manipulação das oferendas deverá ser feita com instrumentos consagrados. Por isso você precisará ter, na sua cozinha mágica, o seguinte equipamento mínimo:

- uma panela (o tradicional caldeirão da bruxa);
- um jogo de talheres;
- um prato;
- uma tigela;
- um copo ou cálice;
- um fogareiro;
- potinhos com especiarias correspondentes aos planetas;
- potinhos com sal, açúcar e azeite;
- potes com porções pequenas de alguns produtos duráveis, como farinhas e grãos.

Todo esse material deverá ser consagrado segundo o ritual da Arte antes de ser utilizado.

A base de toda oferenda, qualquer que seja o espírito homenageado, é um pão e um jarro com água pura. Além disso, você deverá oferecer um prato e uma bebida específicos desse espírito.

Os alimentos de Saturno são as raízes (batata-inglesa, inhame, aipim) e o figo fresco ou seco. Suas especiarias são a salsa, o cominho e o funcho. Sua bebida é a aguardente. Os preparados mais adequados são os bolos e as raízes cozidas.

Os alimentos de Júpiter são os legumes em geral, como beterraba, aipo, tomate, berinjela e vagem; grãos como grão-de-bico e trigo-mouro; e frutas diversas, como morangos, cerejas, ameixas, tâmaras, passas, nozes e castanhas-do-pará. Suas especiarias são o gergelim e a noz-moscada. Sua bebida é o chocolate. Os preparados mais adequados são os cozidos, as pastas e as saladas de grãos ou de frutas.

Os alimentos de Marte são as carnes e os feijões de todos os tipos, além de pimentões, nabo, alho-poró e cebolinha sob a forma de saladas e picles, uvas frescas e amendoim. Suas especiarias são gengibre, hortelã, cebola, alho, pimenta e mostarda. Sua bebida é o vinho. Os preparados mais adequados são os assados e as paneladas com molhos bem picantes.

Os alimentos do Sol são cereais (arroz, milho, trigo), lentilhas, ovos, massas e gorduras (manteiga, azeite), além de frutas (laranja) e hortaliças (couve, brócolis). Suas especiarias são cravo-da-índia, alecrim, açafrão, louro, sálvia, tomilho, canela. Sua bebida é o café. Os preparados mais adequados são os macarrões, os bolos e os pratos salgados com molhos gordos.

Os alimentos de Mercúrio são as verduras em geral (acelga, chicória) e a cenoura. Suas especiarias são erva-doce (anis), camomila e zimbro. Sua bebida é o chá preto. Os preparados mais adequados são os cozidos simples, os bolos e bolinhos.

Os alimentos de Vênus são laticínios (queijos, iogurte), frutas (maçã, castanha portuguesa, amêndoas) e hortaliças (batata-doce, espinafre, agrião, couve-flor). Suas especiarias são coentro, limão, pétalas de rosas e mel. Sua bebida é o leite. Os preparados mais adequados são os cremes (pudins, mingaus), os doces moles e os legumes com creme de leite ou molho branco.

Os alimentos da Lua são alface, pepino, melancia, aveia, ervilha, tapioca, melão, abóbora, coco e abobrinha. Sua especiaria é a semente de papoula. Sua bebida é a água pura ou a água de coco. As preparações mais adequadas são saladas, sopas, cremes e sucos.

Os elementais do ar têm afinidade com verduras frescas e flores, que podem ser oferecidas sob a forma de uma salada bem colorida, acompanhada por água pura.

Os elementais do fogo preferem frutos maduros e espigas cozidas ou assadas, servidas com cerveja.

Os elementais da água gostam de chás de ervas aromáticas e pães frescos.

Os elementais da terra gostam de bolos com especiarias e vinho.

Como aprenderá com o tempo, dependendo do ritual que deseje realizar, você poderá fazer apenas uma pequena porção de alimento, destinada exclusivamente a ser oferecida aos espíritos, ou uma quantidade maior, da qual será retirada uma pequena porção para os espíritos, sendo o restante compartilhado pelas pessoas que participam do ritual (ou pessoas em cuja intenção você realizou a operação mágica como, por exemplo, sua família). A oferenda mais simples pode ser, por exemplo, somente uma fruta ou um punhado dos grãos que agradam os espíritos a ser conjurados, junto com uma taça de sua bebida. Um ritual mais complexo incluirá um preparado culinário inteiro.

Todo o material necessário deverá ser preparado com antecedência e arrumado no lugar onde se realizará a operação mágica, antes que você comece a traçar o círculo da Arte. Os alimentos, arrumados em recipientes adequados (um prato, uma tigela, uma taça ou um copo), deverão ser dispostos sobre uma toalha branca e cobertos por um pano branco fino.

Depois de traçar o círculo, chame os espíritos pelos seus nomes ou pelo de seu chefe, dizendo:

Espíritos, seja onde for que vocês estejam, eu os convido para esta festa. Venham e estejam dispostos para receber estas oferendas, presentes e sacrifícios, que eu espero que lhes sejam agradáveis.

Perfume as oferendas com o incenso e asperja-a com a água exorcizada. A seguir, comece a conjurar os espíritos até que eles apareçam.

Depois do encerramento da operação mágica, os alimentos devem ser entregues aos espíritos na natureza, em um lugar que tenha afinidade com o ambiente natural de cada um. Assim, um espírito ligado à água poderá ter seus alimentos colocados na beira de um rio; um de terra os receberá junto a uma planta; um de ar preferirá um lugar alto e descampado; e um de fogo, uma pedreira ou caverna.

Mas lembre-se bem de um detalhe: coloque nesse lugar somente o alimento, pois a finalidade é que ele seja absorvido pela natureza, repondo sua energia. Não deixe nenhum enfeite, embalagem ou recipiente, que sujarão o local. Os líquidos deverão ser derramados sobre o solo e os sólidos poderão ser colocados sobre folhas de verdura ou mesmo de uma árvore do lugar.

CAPÍTULO 21
Sobre os Pantáculos Sagrados

É necessário que você entenda que grande parte da compreensão da Chave da Magia depende do conhecimento e do uso dos pantáculos, que são as medalhas da Arte.

Os pantáculos, feitos com o propósito de infundir temor nos espíritos e reduzi-los à obediência, têm a maravilhosa e excelente virtude de que os espíritos invocados em seu nome, obedecerão sem repugnância e, considerando que eles têm poder de comando, esses espíritos os temerão e nenhum entre eles será suficientemente forte para opor-se aos pantáculos.

Os pantáculos também são de grande virtude contra todos os perigos da terra, do ar, da água e do fogo, contra venenos, contra todos os tipos de enfermidades, necessidades e medos, contra ligaduras, sortilégios e feitiçaria; e, onde quer que você esteja, se estiver armado com eles, estará sempre a salvo. Através deles podemos adquirir graça e boa vontade de homens e mulheres. O fogo é extinto, a água é parada e todas as criaturas temem os nomes neles escritos, e obedecem ao seu poder.

Você deverá usar um pantáculo:

do Sol, se quiser obter sorte, saúde e felicidade;
da Lua, se quiser favorecer mudanças e assuntos familiares;
de Marte, se quiser coragem, vigor, potência e vitória;
de Mercúrio, se quiser ser bem-sucedido em negócios ou estudos;
Júpiter, se quiser obter honras e riquezas;
de Vênus, se quiser amor, beleza e harmonia;
de Saturno, se quiser proteger-se de perigos e afastar inimigos.

Como São Feitos os Pantáculos

O pantáculo contém os desenhos mágicos das forças dos planetas e palavras sagradas que lhe dão poder. Preste atenção, entretanto: embora possam ser usadas imagens compradas ou copiadas por meios mecânicos, suas medalhas somente serão realmente poderosas e eficazes se você as confeccionar integralmente, desenhando-as e escrevendo nelas com seus instrumentos consagrados.

Você deverá fazer esses objetos nos dias e horas próprios dos planetas correspondentes, quando a Lua estiver no Quarto Crescente e em um signo de ar ou terra. Além disso, nesse dia o céu deverá estar limpo e sereno.

É preciso que você tenha um cômodo ou pelo menos um móvel (que pode ser seu altar ou sua mesinha de trabalho) destinado especialmente para esta atividade, que fique em um local reservado e limpo, onde você possa permanecer sem ser interrompido. Antes de iniciar o trabalho, purifique o local aspergindo-o com água consagrada e perfumando-o com defumadores do planeta com que você irá trabalhar.

Desde que comece a fazer o objeto, será melhor que você o termine de uma só vez; mas, se for absolutamente necessário interromper o trabalho, será preciso esperar até o próximo dia e hora apropriados para retomá-lo.

Material Necessário

Os pantáculos podem ser feitos de metal, de acordo com as correspondências planetárias; neste caso, você não poderá seguir a regra das cores particulares, mas as imagens e inscrições serão somente gravadas com o estilete da Arte sobre uma chapa do metal. Se decidir usar este processo, lembre-se de que Saturno governa o chumbo; Júpiter, o estanho; Marte, o ferro; Sol, o ouro; Vênus, o cobre; Mercúrio, uma mistura de metais (prata dourada com o uso de mercúrio); e Lua, a prata.

Se você não deseja ou não pode trabalhar com metais, saiba que os pantáculos também podem ser feitos em papel ou pergaminho, desenhados e escritos com a cor adotada pelo planeta com o qual cada pantáculo tem afinidade.

Para fazer os pantáculos de papel, você precisará dos seguintes materiais e instrumentos, todos retirados de seu estoque de material consagrado:

- uma ou mais folhas de papel ou cartão branco;
- tesoura;
- compasso;
- régua;
- lápis;
- borracha;
- canetas esferográficas preta, azul, vermelha e verde;
- conjunto de lápis de cor.

Confecção dos Pantáculos

Saiba que o tamanho das medalhas é indiferente, desde que elas sejam feitas e consagradas segundo todas as normas da Arte. Você pode tomar como ponto de referência a medida de um círculo com 5 cm de diâmetro para um pantáculo a ser pendurado no peito durante a cerimônia mágica; mas você pode fazê-lo maior ou menor que isso.

Risque com o compasso um círculo na medida desejada e outro um pouco menor, mas com o mesmo centro. Por exemplo, se você fizer o pantáculo com 5 cm de diâmetro (ou 2,5 cm de raio, ou seja, de abertura do compasso), trace o segundo círculo com 2 cm de raio. A parte central é a gravura, formada por imagens, símbolos e letras que representam a força planetária invocada para a operação. A borda externa é o chamado **exergo**, no qual é escrito um texto ritualístico relacionado com a mesma força planetária. Esse texto é geralmente retirado das partes fundamentais das Escrituras Cristãs.

Esboce com o lápis os desenhos e as inscrições nos lugares devidos, seguindo os modelos apresentados adiante. Use a caneta para fazer as inscrições em preto e os lápis para as partes coloridas, seguindo as indicações que vou descrever a seguir.

Repare que os pantáculos têm figuras e inscrições somente de um lado; por isso, você não precisará preocupar-se com a possibilidade de que o desenho marque o outro lado do papel.

Pantáculos do Sol

Desenhe a gravura em amarelo e escreva o exergo em vermelho.

primeiro

segundo

terceiro

quarto

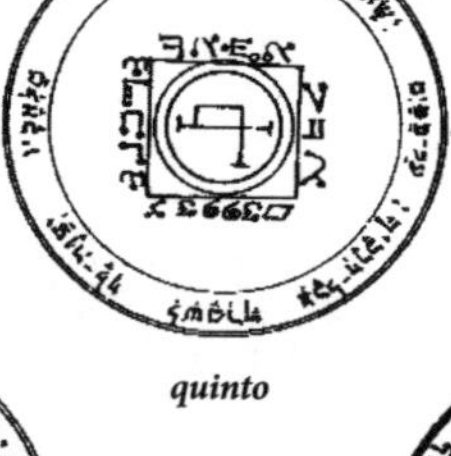

quinto

sexto

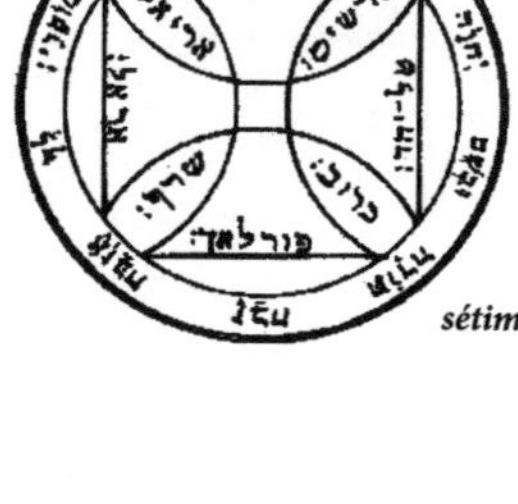

sétimo

Primeiro: tem a face do grande Anjo Metatron e, de cada lado, o nome El Shaddai; no exergo, uma fórmula conjuratória. Obriga os espíritos solares à obediência.

Segundo: tem caracteres místicos do Sol e, no exergo, os nomes de quatro anjos (Shemeshiel, Paimoniah, Rekhodiah, Malkhiel). Serve para reprimir o orgulho e a arrogância dos espíritos solares.

Terceiro: tem o nome Ieve repetido doze vezes e, no exergo, Dan 4,34. Serve para adquirir renome, glória e poder.

Quarto: tem no centro os nomes Ieve e Adonai e, no exergo, Sal 13,3-4. Obriga os espíritos solares a se mostrarem quando invocados.

Quinto: tem nomes de espíritos em caracteres místicos e, no exergo, Sal 91,11-12. Serve para obter a ajuda desses espíritos para longas viagens.

Sexto: tem no centro um triângulo com o Yod, as letras do nome Shaddai nos ângulos e palavras de Gen 1,1 em volta; no exergo, Sal 69,23 e 135,16. Serve para operações de invisibilidade.

Sétimo: tem, em uma cruz, os nomes dos anjos (Chasan, do ar; Arei, do fogo; Forlakh, da terra; e Taliahad, da água) e dos governantes (Ariel, Seraf, Társis e Querub) dos elementos; no exergo, Sal 116,16-17. Protege contra o perigo de aprisionamento e ajuda a libertar-se.

Pentáculos da Lua

Desenhe a gravura em cinza-prateado e escreva o exergo em azul.

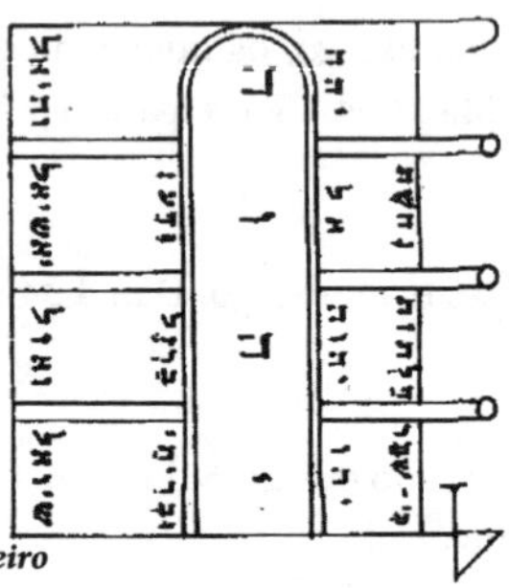

primeiro

segundo

terceiro

quarto

quinto

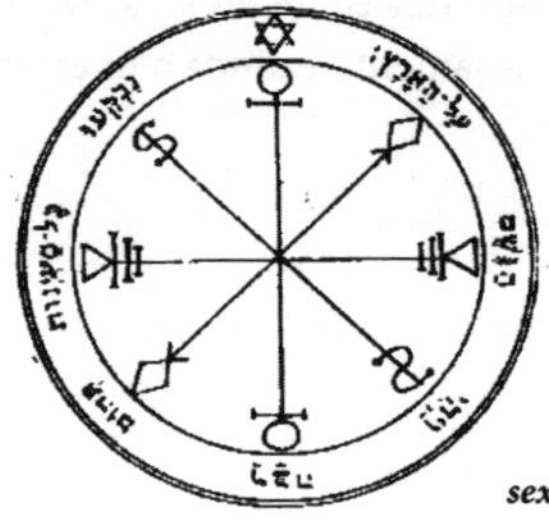

sexto

Primeiro: tem a representação de uma porta com o nome Ihva no centro; os nomes Ihv, leve, Al e Ihh à direita e nomes de anjos (Schioel, Vaol, Yashiel e Vehiel) à esquerda; no exergo, Sal 107,16. Serve para abrir portas nos sentidos literal e simbólico.

Segundo: tem no centro uma mão que aponta para os nomes de El e do anjo Abariel; no exergo, Sal 56,11. Serve para proteger contra perigos na água e acalmar tempestades.

Terceiro: tem no centro os nomes dos anjos Aub e Vevafel; no exergo, Sal 60,13. Protege os viajantes contra perigos e ataques noturnos.

Quarto: tem o nome divino Eheieh Asher Eheieh e os nomes dos anjos Yahel e Sofiel; no exergo, uma fórmula mágica. Defende contra todos os males e dá o saber das ervas e das pedras.

Quinto: tem um caracter místico da Lua e nomes de Deus (leve, Elohim) e de anjos (Iacadiel, Azarei); no exergo, Sal 68,1. Ajuda a vencer os inimigos, protege contra fantasmas e dá sonhos proféticos.

Sexto: tem caracteres místicos da Lua e, no exergo, Gen 7,11-12. Serve para atrair chuva, que durará enquanto o pantáculo ficar imerso em água.

Pantáculos de Marte

Desenhe a gravura em amarelo e escreva o exergo na mesma cor.

primeiro

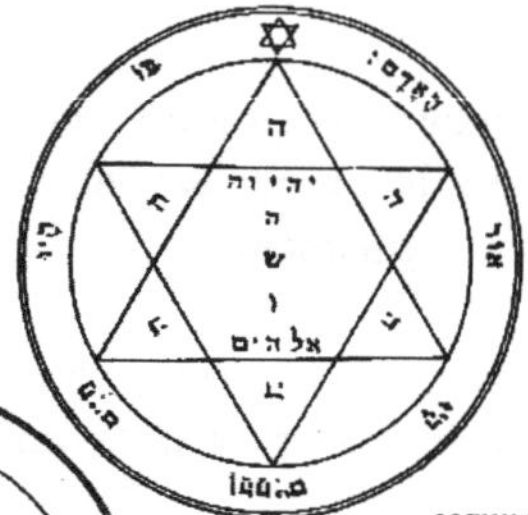

segundo

terceiro

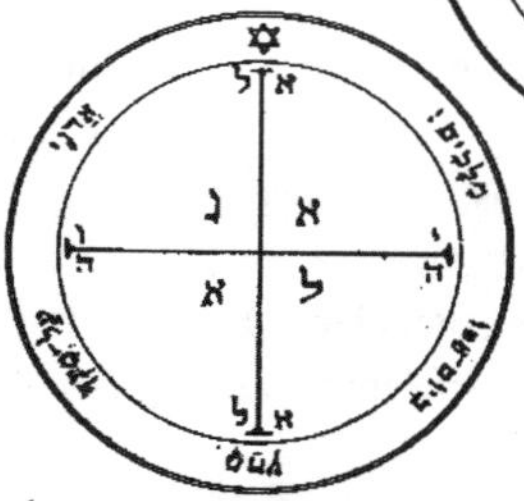

quarto

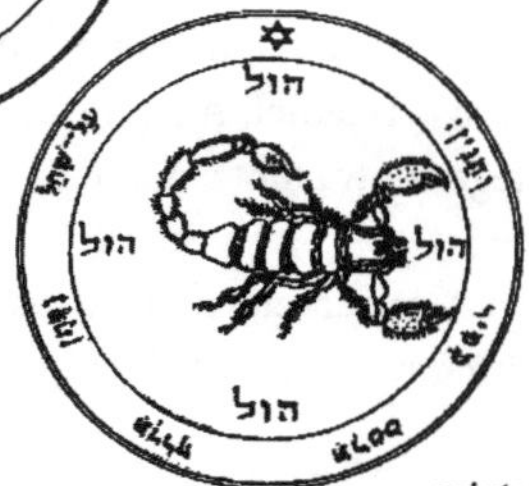

quinto

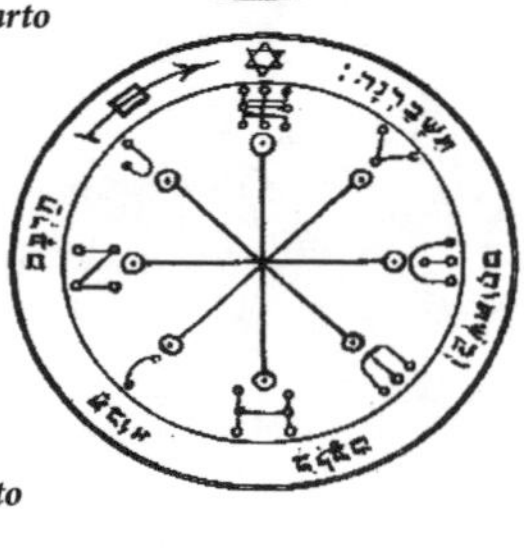

sexto

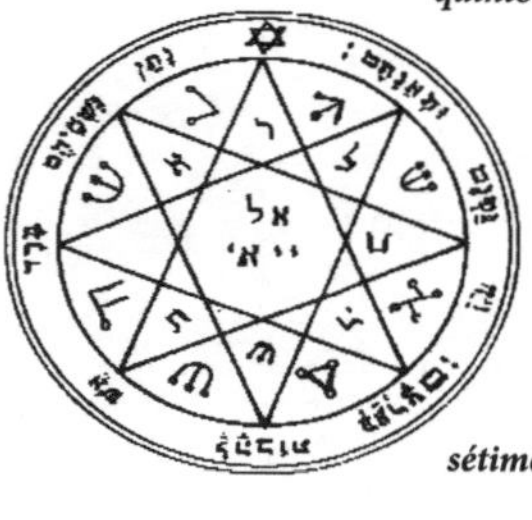

sétimo

Primeiro: tem caracteres místicos de Marte e, no exergo, nomes de anjos (Madimiel, Bartzachiah, Eschiel e Ituriel). Serve para invocar os espíritos de Marte e induzi-los à obediência.

Segundo: tem um hexagrama com a letra He e os nomes Ieve, Joshua e Elohim; no exergo, João 1,4. Serve para aliviar todos os tipos de doenças, sendo colocado no local afetado.

Terceiro: tem no centro a letra Vau (assinatura de Deus-Pai), nomes de Deus (Eloah, Shaddai) e, no exergo, Sal 77,13. Confere poder sobre os espíritos rebeldes e dá a vitória contra inimigos.

Quarto: tem nomes de Deus (Agia, Ieve, El) e, no exergo, Sal 110,5. É de grande valor para garantir a vitória em qualquer tipo de batalha.

Quinto: tem um escorpião e o nome do anjo Hevel; no exergo, Sal 91,13. É terrível contra os demônios, que não resistem à sua presença.

Sexto: tem um desenho de oito raios cercado por uma fórmula protetora e, no exergo, Sal 37,15. Protege contra ataques e faz a arma voltar-se contra o atacante.

Sétimo: tem no centro nomes divinos (El, Yiai) e, no exergo, Sal 105,32-33. Serve para invocar os espíritos de Marte e forçá-los à obediência imediata.

Pantáculos de Mercúrio

Desenhe a gravura com diversas cores misturadas e escreva o exergo em verde.

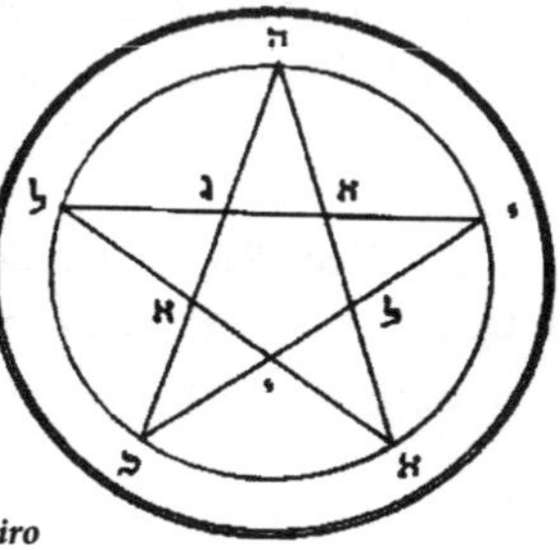

primeiro

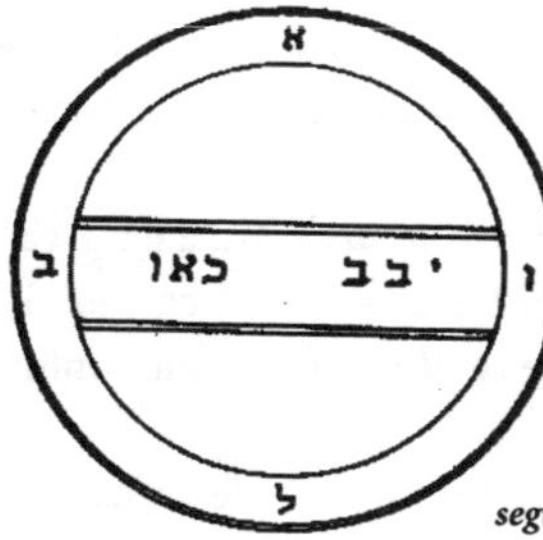

segundo

terceiro

quarto

quinto

Primeiro: tem, no centro e no exergo, as letras que formam os nomes dos anjos Iekael e Agiel. Serve para invocar os espíritos de Mercúrio e obter seu auxílio.

Segundo: tem, no centro e no exergo, as letras que formam os nomes de Boel e outros espíritos. Serve para garantir a realização de qualquer desejo, por mais difícil que seja.

Terceiro: tem no centro caracteres místicos de Mercúrio e, no exergo, os nomes dos anjos Kokaviel, Ghedoriah, Savaniah e Chokmahiel. Serve para invocar os espíritos de Mercúrio e obter seu auxílio.

Quarto: tem um dodecagrama com o nome El no centro e as letras de uma invocação a Ieve em volta; no exergo, uma fórmula mágica. Dá o conheci-mento de todas as coisas criadas e de todos os segredos.

Quinto: tem no centro os nomes El Ab e Ieve; no exergo, Sal 24,7. Serve para abrir portas, não importa como estejam fechadas.

Pantáculo de Júpiter

Desenhe a gravura em vermelho e escreva o exergo na mesma cor.

♃

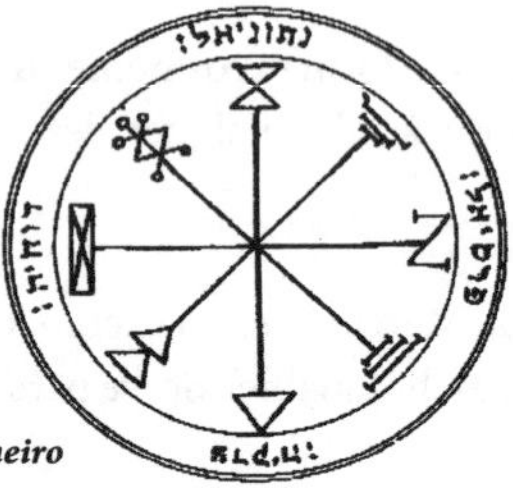

primeiro

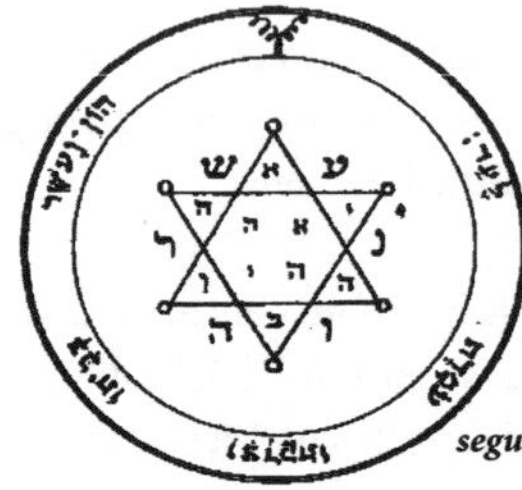

segundo

terceiro

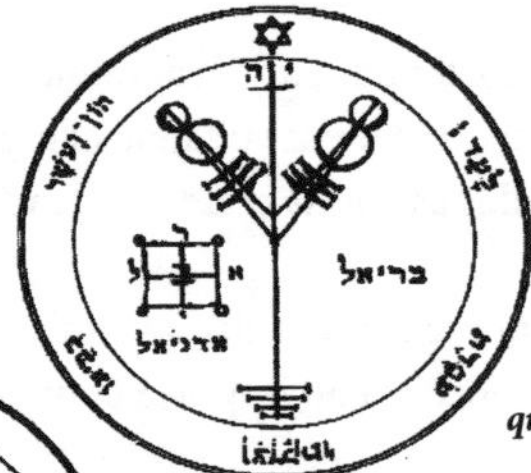

quarto

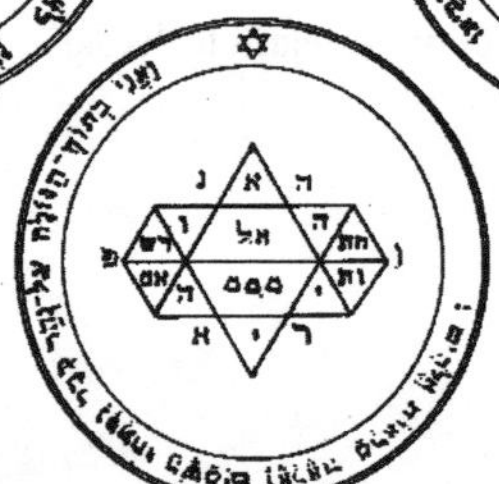

quinto

sexto

sétimo

Primeiro: tem os caracteres místicos de Júpiter e, no exergo, nomes de anjos (Netoniel, Devachiah, Tzedechiah e Parasiel). Serve para descobrir e tornar-se possuidor de tesouros, governados pelo anjo Parasiel.

Segundo: tem um hexagrama com os nomes Eheieh, Ab (o Pai) é Ieve; no exergo, Sal 112,3. É próprio para adquirir glória, honra, dignidade, riqueza e todo tipo de bens.

Terceiro: tem selos de Júpiter, nomes divinos (Ieve, Adonai); e, no exergo, Sal 125,1. Serve para proteger contra espíritos malignos e submeter os bons espíritos.

Quarto: tem nome divino (Iah) e de anjos (Adoniel, Bariel) junto ao selo mágico; no exergo, Sal 112,3. Serve para adquirir bens e honrarias, e para tornar-se muito rico.

Quinto: tem no centro letras tiradas do texto do exergo (Ez 1,1) formando nomes mágicos. Tem grande poder e serve para propiciar a vidência.

Sexto: tem os nomes dos governantes dos elementos (Seraf, Querub, Ariel e Tharsis) nos braços de uma cruz e, no exergo, Sal 22,16-17. Serve como proteção contra perigos terrestres.

Sétimo: tem caracteres místicos de Júpiter e, no exergo, Sal 113,7. Tem grande poder para proteger contra a pobreza e descobrir tesouros.

Pantáculo de Vênus

Desenhe a gravura em vermelho e escreva o exergo na mesma cor.

♀

primeiro

segundo

terceiro

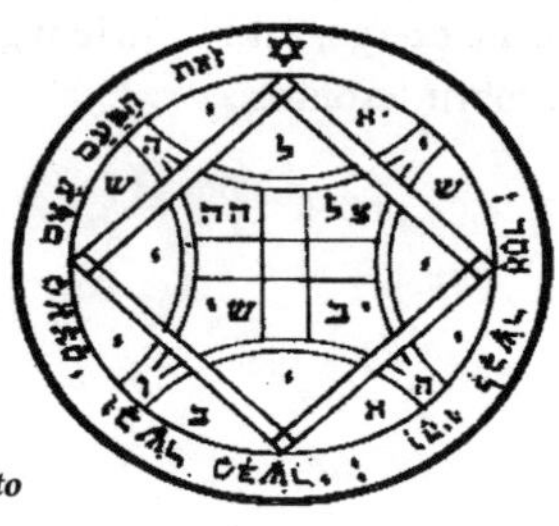

quarto

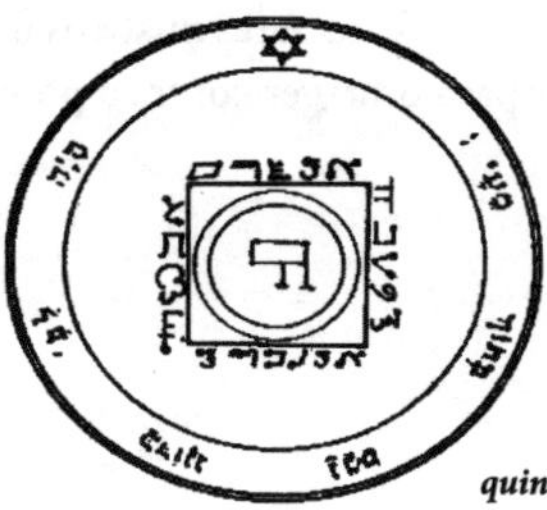

quinto

Primeiro: tem caracteres místicos de Vênus e, no exergo, os nomes de quatro anjos (Nogahiel, Aqueliah, Socodiah e Nangariel). Serve para invocar e controlar os espíritos de Vênus.

Segundo: tem, em torno de um pentagrama, nomes de espíritos de Vênus; no exergo, Can 8,6. Serve para obter graça, honra, amor e concórdia, e realizar desejos.

Terceiro: tem no centro os nomes divinos leve, Adonai, Ruach, Achides, Egalmiel, Monaquiel e Degaliel; no exergo, Gen 1,28. Serve para atrair o amol-de uma determinada pessoa a que seja mostrado.

Quarto: tem nos quatro ângulos as letras de leve; nomes dos espíritos de Vênus (Schii, Eli, Ayib) e, no exergo, Gen 2,23-24. É poderoso para fazer com que a pessoa desejada venha para você.

Quinto: tem, em torno de um quadrado, os nomes Elohim, El Gebil, leve e Adonai; no exergo, Sal 22,14. Sendo mostrado para uma pessoa, desperta o amor e o desejo.

Pantáculos de Saturno

Desenhe a gravura em amarelo e escreva o exergo na mesma cor.

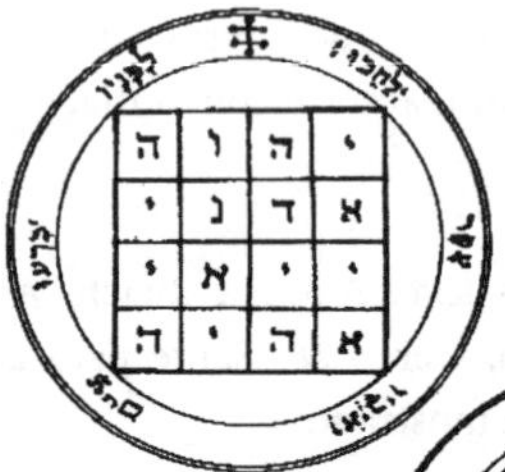

primeiro

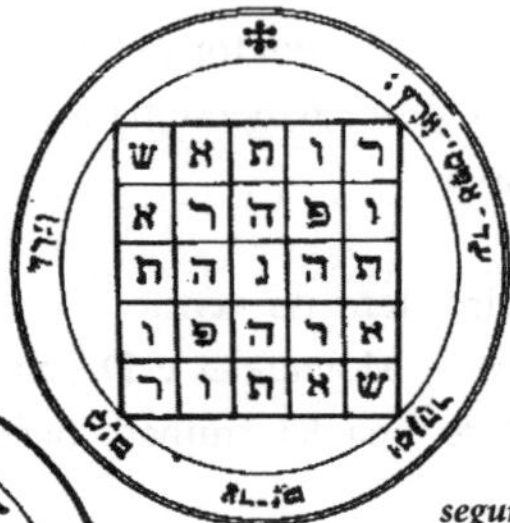

segundo

terceiro

quarto

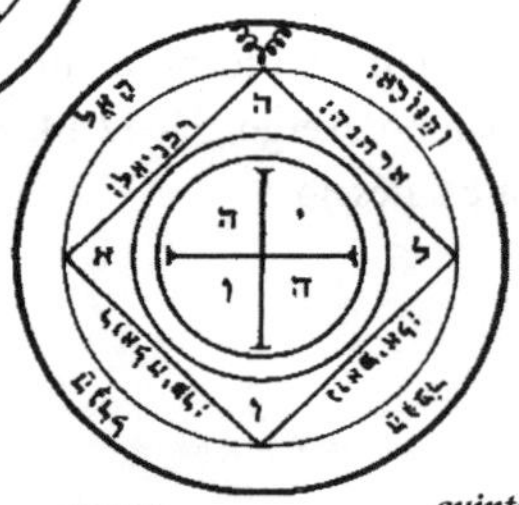

quinto

sexto

sétimo

Primeiro: tem quatro nomes de Deus (Ieve, Adonai, Yiai e Eheieh) e, no exergo, Sal 72,9. É de grande valor para obter a submissão e obediência dos espíritos de Saturno.

Segundo: tem o acróstico perfeito (sator-arepo-tenet-opera-rotas) e, no exergo, Sal 72,8. É de grande valor para garantir a vitória contra adversários.

Terceiro: tem uma roda de seis raios com caracteres mágicos de Saturno e nomes de anjos (Omeliel, Anaquiel, Arauquiah e Anazaquiah). Serve para submeter os espíritos de Saturno, principalmente à noite.

Quarto: tem um triângulo cercado por palavras de Deut 6,4 e, no exergo, Sal 109,18. Serve para vencer e afastar inimigos, e para obter notícias de fatos distantes.

Quinto: tem uma cruz com os nomes Ieve, Eloah e de anjos (Arehanah, Rakhaniel, Roelhaifar e Noafiel); no exergo, Deut 10,17. Protege contra espíritos malignos e afasta aqueles que guardam tesouros.

Sexto: tem caracteres místicos de Saturno e uma fórmula mágica. Serve para enviar a uma pessoa a influência desses espíritos.

Sétimo: tem os nomes das nove ordens angelicais (Querubins, Serafins, Tronos, Dominações, Potestades, Virtudes, Principados, Arcanjos e Anjos) e, no exergo, Sal 18,7. Serve para provocar grandes reviravoltas e mudanças radicais.

Preparaçao para o Uso

Você precisará fazer um saquinho de seda para cada um dos seus pantáculos, usando sempre a cor do planeta regente do mesmo. Prenda junto à abertura do saco uma alça suficientemente longa para que, ao ser pendurado no pescoço, o pantáculo fique apoiado em seu peito, na altura do coração. Essa alça será feita com um cordão da mesma cor da seda.

Como você pode perceber por essa explicação, o pantáculo ficará quase sempre guardado dentro do saquinho. Você só o exibirá, no decorrer de uma operação mágica, quando isso for conveniente, embora ele deva ser sempre posto no pescoço como parte dos paramentos do mago.

Depois que tudo estiver feito, consagre o pantáculo de acordo com o ritual da Arte. Guarde todas as suas medalhas em uma caixa ou um saco de seda branca.

LIVRO II

Operações da Arte Mágica

Aqui você aprenderá a
preparar-se de corpo e alma
para ter a força e a pureza
necessárias à execução bem-
sucedida de uma operação
mágica; saberá como traçar o
Círculo da Arte, sem o qual
nada se faz; conhecerá as
orações invocações que
lhe proporcionarão poder
sobre os espíritos dos mundos
celeste e terrestre; e estudará
exemplos de experimentos
para diversas finalidades.

CAPÍTULO 1
Sobre a Preparação do Mestre da Arte

Sempre que desejar aplicar-se a esta arte tão grande quanto difícil que é a magia, você deverá ter a mente livre de todas as preocupações e idéias estranhas, sejam de que natureza forem. Você precisa verificar o dia e a hora em que o experimento deverá ser feito, e que materiais devem ser preparados para ele, o que deve ser incluído e o que pode ser dispensado.

Durante os nove dias que antecedem a operação mágica, você deve evitar qualquer forma de desperdício de tempo, futilidade e pensamento mau, bem como todo tipo de impiedade, pecado, imodéstia ou maldade do corpo e da alma. Você deve evitar, por exemplo, comer e beber excessivamente; falar todo tipo de palavras vãs, zombarias, calúnias e discursos inúteis. Em vez disso, você deve fazer boas ações, falar honestamente, manter uma estrita decência em sua conduta e nunca perder o senso de moderação ao falar, comer, beber e em todos os seus atos.

A cada dia, recite a prece descrita a seguir, pelo menos uma vez pela manhã, duas vezes ao meio-dia, três vezes à tarde, quatro vezes à noite e cinco vezes antes de dormir.

Senhor, que estais no céu e contemplais o abismo, derramai sobre mim vossa graça, de modo que tudo que eu conceba em minha mente, eu possa realizar em meu trabalho, por Vós, soberano governante de todas as coisas, que viveis e reinais por todos os séculos dos séculos. Amém.

O Banho Purificatório

Quatro dias antes do marcado para a operação mágica, você irá começar a preparar-se de corpo e alma para o ritual. Para começar, você deverá tomar um banho purificador, preparado com a água exorcizada que descrevi no capítulo correspondente.

Arrume no banheiro o seguinte material:

- um recipiente com água morna;
- o hissope descrito no capítulo sobre a água e seus acessórios;
- uma pitada de sal, em um pires ou uma tigelinha adequada;
- uma toalha limpa;
- uma roupa branca limpa.

Dispa-se. Tome um primeiro banho de limpeza, com água corrente, recitando o seguinte exorcismo:

Eu te exorcizo, criatura de água, em nome d'Aquele que te criou para que, em nome d'Ele, descubras todos os enganos do inimigo e retires de mim todas as impurezas, para que os espíritos não possam atacar-me. Pela virtude de Deus Todo Poderoso, que vive e reina por todos os séculos dos séculos. Amém.

Repita esta oração duas ou três vezes, enquanto toma o banho, até estar totalmente limpo. A seguir, pegue o hissope e asperja-se com parte da água exorcizada, recitando a seguinte oração:

Purificai-me, Senhor, com o hissope, para que eu fique limpo; lavai-me para que eu fique branco como a neve.

A seguir, abençoe o sal com a seguinte oração:

Que a bênção do Pai Supremo esteja sobre esta criatura de sal, tirando dela toda a malignidade, e deixando que entre nela todo o bem, para que ela possa ajudar-me.

Misture o sal à água que está ainda no recipiente. Recite a seguinte oração:

Senhor Todo Poderoso, Vós que me fizestes da terra à Vossa imagem e semelhança, abençoai e santificai esta água para que ela dê saúde e pureza à minha alma e ao meu corpo, não permitindo que nenhum erro ou ilusão permaneça em mim. Poderoso e inefável Senhor, Vós que fizestes o povo passar o mar Vermelho na fuga do Egito, purificai-me de meus pecados passados por esta água, para que nenhuma impureza permaneça em mim diante de Vós.

A seguir, banhe-se desde o alto da cabeça até a sola dos pés. Enxugue-se e vista-se, usando o material preparado especialmente para esse momento.

Os Três Últimos Dias

Durante os três últimos dias antes do início do experimento, você deve contentar-se com uma única refeição moderada por dia, composta de pão e água. Deve abster-se de toda ação impura e continuará recitando a oração descrita anteriormente.

Aproveite esses três dias para preparar tudo o que for necessário para seu experimento. Estude minuciosamente a operação que pretende realizar e anote-a detalhadamente no seu Livro das Sombras, escrevendo as conjurações e os exorcismos apropriados. Se há alguma coisa a ser escrita ou gravada, isso deverá ser feito na maneira especificada pelo ritual da Arte, utilizando os materiais adequados.

Você deverá escolher um lugar adequado para a prática do experimento mágico, que pode ser seu gabinete secreto ou outro lugar adequado ao seu trabalho. Arrume nesse lugar todo o material necessário para a operação, que você já deverá ter providenciado, dispondo-o na ordem necessária para a execução do ritual. Se você está estudando este livro com cuidado e atenção, já sabe como escolher esse material de acordo com os espíritos regentes da operação a ser executada.

CAPÍTULO 2
Sobre a Preparação do Ritual

No dia em que irá realizar seu experimento, você deverá permanecer em jejum completo desde o amanhecer. Aproveite as horas de espera antes do momento de iniciar a operação para dispor em seu lugar secreto os materiais necessários para a operação, de acordo com o estudo que realizou com antecedência, não esquecendo a água exorcizada, o hissope, o sal, os defumadores e velas necessários, além dos instrumentos rituais e do livro no qual deverá estar anotado tudo o que você precisará ler durante a operação.

Um pouco antes da hora marcada, tome um banho purificador, como o descrito no capítulo anterior, vista sua túnica ritual e vá para seu lugar secreto. Lá chegando, recite a seguinte confissão:

Deus Todo Poderoso, Senhor do céu e da terra, diante de Vós eu confesso meus pecados e os lamento, prostrado e humilhado em Vossa presença. Pequei por orgulho, avareza e desejo imoderado de honras e riquezas; por preguiça, glutoneria, ganância, deboche, violência e luxúria; por curiosidade, maledicência e falsidade. Eu Vos ofendi por todos os tipos de pecados que eu mesmo cometi e que deixei que outros cometessem, por sacrilégio, roubo e violência; pelo mau uso que fiz de meus bens, por minha prodigalidade, pelos pecados que cometi contra a esperança e a caridade, por meus maus conselhos, lisonjas, subornos e pela má distribuição do que possuí; por repelir e maltratar os pobres, por afligir os que estiveram sob minha autoridade, por não ajudar prisioneiros, por não alimentar os famintos nem dar de beber aos sedentos, por não respeitar os idosos, não cumprir minha palavra, não respeitar meus parentes, por ter sido ingrato, indulgente e irreverente; por desperdiçar minhas palavras em discursos vazios, fazer julgamentos precipitados, alimentar falsas suspeitas e negligenciar minha vida espiritual. Eu desprezo todos os males que cometi e que humildemente confesso e reconheço diante de Vós, meu Deus, e diante dos santos Anjos, para que o demônio não possa usá-los contra mim no Juízo Final. Pai Todo Poderoso, purificai-me de todos os pecados e dai-me a graça de ver e conhecer todos os espíritos que invoco, para que possa ter meu desejo realizado, por Vossa soberana grandeza e Vossa inefável e eterna glória. Amém.

A seguir, recite a seguinte prece:

Senhor Todo Poderoso, Deus eterno criador de todas as coisas, colocai-me sob a proteção de Vossa misericórdia. Defendei-me de meus inimigos e confirmai-me na fé única e verdadeira. Senhor, entrego-Vos meu corpo e minha alma, e ponho minha confiança em Vós. Ouvi minhas preces, ajudai-me, não me afasteis de Vós. Senhor Todo Poderoso, que criastes o céu, a terra e o mar, e todas as coisas que eles contêm; eu oro a Vós, eu Vos adoro, e Vos glorifico. Sede propício a mim, não me abandoneis, socorrei-me. Afastai de mim os demônios da ignorância e iluminai-me com o fogo da sabedoria. Afastai de mim todos os desejos impuros e as palavras loucas. Por Vós, Senhor, cuja honra, glória e reinado se estendem pelos séculos dos séculos. Amém.

Feito isso, pegue a água e o hissope. Asperja a si mesmo e a todas as coisas que estão no lugar, recitando a seguinte oração:

Purificai-me, Senhor, tomai-me puro; lavai-me e tomai-me branco como a neve.

Disponha então todos os objetos e participantes do experimento em seus lugares, conforme planejou com antecedência, e comece a operação. Uma vez iniciado o trabalho, você deverá ir até o fim sem hesitação, pois disso dependerá sua capacidade de atingir o fim esperado.

CAPÍTULO 3
Sobre os Companheiros do Mestre da Arte

Ao planejar um experimento, especialmente se for uma operação muito importante, você deve considerar que poderá precisar de um grupo de companheiros – geralmente três, mas podendo ser cinco, sete ou nove. Isto será necessário particularmente nas operações realizadas fora do Círculo da Arte, pois a força dessas pessoas se unirá para aumentar a proteção do grupo. Se for impossível conseguir esses companheiros, você deverá ter pelo menos a companhia de um cão fiel e afeiçoado.

Observe que todos os companheiros deverão realizar uma preparação pessoal semelhante à do mestre. Se preferir ter um cão como seu companheiro, você deverá banhá-lo com a água exorcizada e depois perfumá-lo com os defumadores da Arte, repetindo a seguinte conjuração:

Eu te conjuro, cão, por Aquele que te criou. Eu te banho e perfumo em nome do Deus mais alto, poderoso e eterno, para que possas ser meu companheiro nesta operação, e para que possas ser meu fiel amigo em qualquer operação que eu queira realizar. Que tu sejas regenerado, limpo e purificado, para que os espíritos nunca possam te prejudicar ou dominar. Amém.

Depois dessa preparação, o mestre estará apto a trabalhar com seus companheiros. Para garantir a segurança do corpo e da alma, cada um dos companheiros, da mesma forma que o mestre, deve ter pendurado no peito um pantáculo consagrado, coberto por um saquinho de seda e perfumado com as fumigações apropriadas ao seu planeta regente, que é o que governa a operação que será realizada. Seguros e encorajados desta forma, os companheiros poderão trabalhar sem medo e livres de todo perigo, desde que obedeçam a todos os comandos do mestre. Se agirem assim, tudo sairá de acordo com seus desejos.

CAPÍTULO 4
Sobre a Construção do Círculo da Arte

Tendo feito todas as preparações prescritas, você deve dirigir-se para o lugar onde será realizada a operação mágica, onde o tapete já deve ter sido aberto, observando com cuidado a posição dos pontos cardeais, e todo o material deve estar disposto conforme descrevi anteriormente. Você deverá estar com sua vestimenta ritual e, ao entrar no tapete, colocará o calçado consagrado, se não for trabalhar descalço. Não devem ser esquecidos os pantáculos que sejam necessários ao seu propósito, que devem estar pendurados em seu peito, mas cobertos com o saquinho em que ficam guardados.

Se estiver trabalhando com um grupo, você deverá nesse momento dispor seus companheiros em seus lugares, que são os quatro pontos cardeais. Cada um deverá estar vestido de modo semelhante ao do mestre e com sua espada ritual presa ao cinto. Se estiverem presentes quatro pessoas, elas levarão os instrumentos da seguinte forma:

- o primeiro discípulo leva o turíbulo, o fogo e o defumador, deve ficar no leste e sua espada é consagrada a Rafael;
- o segundo discípulo segura papel, caneta, lápis, tintas e tecidos, deve ficar no oeste e sua espada é consagrada a Gabriel;
- o terceiro discípulo leva a faca de cabo branco e a foice, deve ficar no sul e sua espada é consagrada a Uriel;
- o mestre leva o bastão e a vara, além da faca de cabo preto e da cometa, deve ficar no norte e sua espada é consagrada a Miguel;

Se o número de pessoas presentes for diferente, o mestre deverá distribuir os objetos do modo mais adequado, mas sempre respeitando a correspondência com os quatro elementos. Observe que, se estiver trabalhando sozinho, você deverá obrigatoriamente usar um pequeno móvel como altar, pois precisará apoiar nele o livro aberto para ler as conjurações.

Depois que tudo estiver arrumado, vá para o canto sul do templo, caminhando pelo corredor reto formado pelos contornos dos dois quadrados. Fique de pé no pequeno círculo exterior, voltado para o centro, e imagine as paredes do templo erguendo-se diante de você, que está na frente da sua porta. Entre e vá até o centro do tapete. Segure com a mão direita a faca de cabo preto e, seguindo o traçado do tapete, vá desenhando o círculo no ar, da seguinte forma: aponte para o ponto de separação entre os quadrantes sul e leste, no círculo interno. A partir daí, siga o traçado em direção ao leste e continue traçando o círculo até chegar ao ponto que separa o quadrante oeste do sul. Este detalhe é muito importante e deve ser seguido cuidadosamente: você deve deixar essa abertura ao sul porque esta será a porta por onde passará para acender os defumadores e voltar para o centro do círculo antes de começar a operação propriamente dita.

Se você já leu outros materiais sobre o Círculo da Arte, provavelmente vai pensar que lhe estou dando uma orientação errada, pois geralmente é dito que essa porta fica no norte. Lembre-se, entretanto, que este livro está adaptado para o Hemisfério Sul e nele o elemento terra, que corresponde à direção polar, fica voltado para o sul. E a porta do templo fica sempre na direção da terra porque, ao começar uma operação mágica, nós saímos da terra (nosso mundo quotidiano) e entramos no mundo dos espíritos. Por este mesmo motivo, o restante do traçado do círculo é um pouco diferente daquele recomendado para o Hemisfério Norte, como você verá a seguir.

Repare também que esse traçado contém um segredo importante: ao fazê-lo, você deverá visualizar sua faca deixando um rastro de luz que forma um círculo de energia em torno do seu templo, para protegê-lo contra qualquer força maligna que possa tentar atingi-lo.

Repita o procedimento descrito acima para traçar os dois círculos externos e os dois quadrados, sempre deixando a abertura no sul. Tendo terminado o traçado, saia do círculo por essa abertura. Acenda os turíbulos, ponha neles uma porção dos defumadores adequados à operação que irá realizar e coloque-os nos lugares determinados, nos quatro pontos cardeais. Quando estiver no leste, recite a seguinte oração:

Eu invoco Rafael, guardião do leste, para que proteja este templo e só deixe passar por este portal forças benignas.

Visualize a porta leste se abrindo e veja além dela o mundo dos silfos. Vá então para o norte e diga:

Eu invoco Miguel, guardião do norte, para que proteja este templo e só deixe passar por este portal forças benignas.

Visualize a porta norte se abrindo e veja além dela o mundo das salamandras. Siga para o oeste e diga:

Eu invoco Gabriel, guardião do oeste, para que proteja este templo e só deixe passar por este portal forças benignas.

Visualize a porta oeste se abrindo e veja além dela o mundo das ondinas. Vá para o sul e diga:

Eu invoco Uriel, guardião do sul, para que proteja este templo e só deixe passar por este portal forças benignas.

Visualize a porta sul se abrindo e veja além dela o mundo dos gnomos.

Volte para o centro do círculo, acenda uma vela e coloque-a em um lugar preparado para isso, no centro do altar. A seguir, asperja todo o lugar com a água e o hissope. Feito isso, reentre no círculo e feche-o traçando com a faca de cabo preto os trechos dos círculos e quadrados do quadrante sul. Observe que, se não estiver trabalhando sozinho, todos os participantes deverão ficar dentro desse traçado e daí não poderão sair até que você encerre o ritual e desfaça o círculo.

CAPÍTULO 5
Sobre a Conjuração dos Espíritos

Terminado o traçado do Círculo da Arte, começa então o ritual propriamente dito, que deverá seguir as etapas descritas a seguir. Observe que esta descrição refere-se apenas aos procedimentos gerais que devem ser seguidos para a execução de qualquer experimento mágico. Os procedimentos específicos, que você realizará depois de conjurar os espíritos, dependerão da finalidade da operação e deverão ter sido planejados com antecedência, para que agora você tenha em mãos os materiais, orações e fórmulas mágicas de que necessite. Nos capítulos posteriores você aprenderá diversos tipos de operações mágicas para atender a uma grande variedade de objetivos; e no Livro I você poderá estudar as correspondências simbólicas apropriadas para cada tipo de operação.

Início do Ritual

O mestre toca seu instrumento sonoro (corneta ou sino) e declara em voz alta a finalidade da operação mágica que está sendo iniciada. Em seguida, recita a seguinte prece:

Neste momento em que entramos neste círculo com toda humildade, que Deus entre conosco trazendo felicidade, prosperidade, alegria, caridade e saúde. Que todos os demônios voem para longe deste lugar. Senhor, estendei sobre nós Vosso muito santo nome, abençoai este ritual e santificai este lugar. Senhor Todo Poderoso e misericordioso: Vós que não desejais a morte do pecador, mas que ele possa viver para corrigir seu erro, dai-nos Vossa graça, abençoando e consagrando esta terra e este círculo, que está aqui desenhado com Vossos mais poderosos nomes. E a ti eu conjuro, terra, pelo nome de Deus, quando entro neste círculo composto e feito com minha mão. Possa Deus abençoar este lugar para que ne-

nhum espírito maligno ou impuro possa entrar no círculo ou ameaçar alguma das pessoas aqui presentes. Eu Vos peço, Senhor Todo Poderoso, que Vos digneis abençoar este círculo, todo este lugar e todos os que estão nele; e que designeis para todos nós, que Vos servimos e nada desejamos fora das Vossas leis, um bom anjo para nos guardar, para que possamos aqui ficar em segurança. Por Vós, Senhor, que viveis e reinais pelos séculos dos séculos. Amém.

Volte-se de frente para o leste e recite a seguinte oração:

Senhor, sede para mim uma torre de força contra o aparecimento e assalto dos maus espíritos.

Volte-se sucessivamente para o norte, o oeste e o sul, repetindo a mesma oração.

Conjuração dos Espíritos

Agora o mestre coloca a coroa. Segura a faca de cabo preto com a mão direita e, com a esquerda, toca o pantáculo que está sobre seu peito, ainda coberto. Voltando-se de frente para cada um dos pontos cardeais, recita a seguinte conjuração:

Estes são os símbolos e os nomes do Criador, que despertam temor e respeito em todos os corações. Obedeçam-me, então, e atendam ao meu chamado, pelo poder desses nomes sagrados e por esses misteriosos símbolos do Segredo dos Segredos.

Em seguida, ficando de frente para o quadrante em que vivem os espíritos regentes da operação que está sendo realizada, ajoelha-se e recita a seguinte oração:

Senhor Todo Poderoso e misericordioso, que criastes todas as coisas e para quem nada é impossível, ouvi minha prece. Dai-me entendimento, audição e memória para que eu possa aprender todas as ciências e artes; e a virtude de aprender os segredos das escrituras sagradas, para que eu possa conhecer e operar Vossas maravilhas ocultas. Favorecei nossos desígnios e permiti que os espíritos venham até nós gentis, pacíficos e obedientes. Por Vós, Senhor, cujo reino é eterno e cujo império perdurará pelos séculos dos séculos. Amém.

Em seguida, o mestre fica de pé, voltado para a mesma direção. Segura novamente a faca com cabo preto, elevando-a com a ponta voltada para o céu, e toca o pantáculo com a mão esquerda. Abaixa a faca, como se estivesse cortando o ar à sua frente, e recita com voz forte e firme a seguinte conjuração:

Eu os conjuro, espíritos, pelo poder, a sabedoria e a virtude do Espírito de Deus. Eu os conjuro pelo santo nome Eheieh, que é a origem de todos os outros nomes divinos. Eu os conjuro pelo nome indivisível Iah, que expressa a unidade de Deus. Eu os conjuro pelo santo nome leve Tetragramaton, que expressa a grandeza de Deus. Eu os conjuro pelo santo nome El, que denota a bondade e misericórdia divinas. Eu os conjuro pelo muito poderoso nome Jeovah, que mostra a força de Deus. Eu os conjuro pelo muito santo nome de Elohim Gebor, que representa a vingança de Deus. Eu os conjuro pelo muito potente nome de Elohei Tzabaoth, o Senhor dos Exércitos, governante dos céus. Eu os conjuro pelo muito potente nome de Jeovah Tzabaoth, que expressa piedade, misericórdia, esplendor e conhecimento de Deus. Eu os conjuro pelo muito santo nome de Shadai el Chai, o nome do Deus vivo e protetor. Eu os conjuro pelo santo nome de Adonai, por seu mais poderoso arcanjo Metatron, por todas as hostes de anjos que cantam a glória de Deus e pelos anjos que presidem as dez Sefirot, pelas quais Deus comunicou e estendeu sua influência sobre as coisas inferiores.

Eu os conjuro, espíritos, pelos nomes de Deus e por sua obra maravilhosa, pelos céus, pelo mar, pela terra, pelas profundezas do abismo e a imensidão do firma-

mento; pelo Sol e as estrelas; pelas águas, pelos mares e tudo o que eles contêm; pelos ventos e as tempestades; pela virtude de todas as ervas, plantas e pedras; por tudo o que existe no universo. Eu os conjuro por Aquele que fez os Céus e a Terra e está sentado sobre seu trono cercado pelos Querubins e Serafins; pela Jerusalém celeste; e pelo Querubim que Deus pôs como guarda da Árvore da Vida, armado com uma espada flamejante, depois que Adão e Eva foram expulsos do Paraíso. Eu os conjuro, espíritos, em qualquer parte do mundo onde possam estar, quer estejam presos por cadeias poderosas, quer estejam atraídos por coisas agradáveis, que suas correntes se partam, que seus sentidos se voltem para mim, que venham prontamente satisfazer meu desejo e todas as coisas que espero de sua obediência.

Conversação com os Espíritos

Dito e feito isso, você deverá ver os espíritos aproximarem-se vindos de todas as partes. Quando os espíritos aparecerem, trate-os com gentileza. Descubra o pantáculo, tirando seu envoltório, e diga a eles:

Vejam os sinais e nomes sagrados diante dos quais todo joelho deve dobrar. Humilhem-se diante de Deus Todo Poderoso.

O rei dos espíritos se ajoelhará e dirá:

O que desejas? Por que nos chamaste de nossa morada?

Diga-lhe para ficar tranqüilo e impor silêncio aos seus servos. Renove os defumadores para acalmar os espíritos. Converse então com eles, questione- os e faça seus pedidos.

Contando com o apoio e auxílio dos espíritos conjurados, execute a parte principal da operação: uma oferenda, um amuleto, a consagração de um objeto, um encantamento.

Encerramento da Operação Mágica

Tendo obtido o que quer, agradeça aos espíritos que o assistiram no ritual e recite a licença para partir:

Em nome de Deus Todo Poderoso e eterno, voltem para o seu lugar. Que haja paz entre nós, e que vocês estejam prontos para vir sempre que eu chamar.

Feito isso, abra o círculo, traçando-o na direção inversa à da sua construção, e saia de seu interior. Se estiver trabalhando em grupo, o último a sair é o mestre.

Finalmente, lave o rosto com a água exorcizada, coloque suas roupas comuns e vá tratar de seus assuntos habituais.

CAPÍTULO 6
Sobre as Operações Relacionadas a Coisas Roubadas

Estas operações devem ser executadas em dia e hora da Lua, que deve estar Minguante e em um signo de terra. Além do equipamento comum para o ritual da Arte, você deverá providenciar o seguinte material:

- uma bacia de latão;
- uma porção de água de fonte ou de chuva, suficiente para encher a bacia;
- uma peneira pequena, com borda de madeira;
- um pedaço de corda suficientemente grande para ser amarrada em volta da borda da peneira, deixando uma sobra pela qual o operador possa suspender a peça;
- uma caneta vermelha;
- um ramo de louro bem verde;
- uma tesoura.

Todo esse material, que deverá estar perfeitamente limpo e consagrado conforme o ritual da Arte, deverá estar colocado no seu templo juntamente com os instrumentos do cerimonial. A bacia com água será posta no centro do altar, com os outros objetos ao lado.

Antes de começar qualquer operação relacionada à descoberta e recuperação de coisas roubadas, e depois de ter feito todos os preparativos necessários, você deverá recitar a seguinte oração:

Deus Todo Poderoso, Vós que fizestes o céu e a terra, que cabem inteiros dentro da Vossa mão; Vós que estais sentado sobre os Querubins e Serafins, no ponto mais alto do céu, onde a compreensão humana não pode penetrar; Vós que criastes todas as coisas e em cuja presença estão as Criaturas Vivas, quatro das quais são maravilhosamente voláteis, têm seis asas e clamam incessantemente: **Santo, santo, santo é o Senhor Deus dos exércitos, o céu e a terra estão cheios da Vossa glória.** *Vós, que expulsastes Adão do Paraíso Terrestre e colocastes os Querubins para guardar a Árvore da Vida, sois o Senhor que sozinho opera milagres. Vede como imploro a Vossa imensa graça, pela cidade santa de Jerusalém e por Vosso sagrado Nome de quatro letras que são Iod, He, Vau, He. Por Vosso santo e admirável Nome, dai-me o poder e a virtude necessários para que eu realize meu experimento e alcance o resultado desejado nesta operação. Por Vós que sois a vida, e que viveis por toda a eternidade. Amém.*

A seguir, perfume o local com um defumador de aroma agradável e doce, consagrado à Lua, e depois asperja-o com a água consagrada. Tendo preparado a operação desta forma, recite a conjuração necessária para chamar os espíritos, conforme você já aprendeu anteriormente. Ao terminar, diga o seguinte:

Poderoso Pai e Senhor, Vós vedes tudo que ocorre nos céus, na terra e no abismo. Concedei-me a graça de que, pelo poder dos espíritos que agora invoco em Vosso santo nome, eu possa descobrir o que preciso e desejo encontrar; e que eles possam mostrar-me quem cometeu o roubo e onde essa pessoa se encontra.

Por todos os santos nomes divinos que invoquei e diante dos quais todas as criaturas tremem, eu lhes ordeno, espíritos que conjurei, que me mostrem claramente aquilo que desejo ver.

Feito isso, os espíritos farão com que você veja o que quer, sendo bem-sucedido em qualquer uma das operações descritas a seguir.

Como Ver Quem Cometeu um Roubo Usando a Peneira e o Louro

Realize esta operação se você não tem suspeitas a respeito de quem cometeu o roubo.

Amarre a corda em torno da borda da peneira. Pelo lado interno dessa borda, escreva quatro vezes, uma em cada um dos quatro quadrantes, a inscrição que aparece na figura. Use para isso a caneta vermelha.

Recite a seguinte prece sobre a água que enche a bacia:

Deus Todo Poderoso, permiti que eu seja bem-sucedido e realize meu intento.

A seguir, segure a ponta da corda com a mão esquerda, mantendo a peneira suspensa no ar, e o ramo de louro com a direita. Faça a peneira girar em uma direção e, com o ramo de louro, faça a água girar ria direção contrária. Mas preste atenção: você deve dar apenas um impulso inicial, deixando que a água e a peneira continuem a girar sozinhas. Quando elas pararem totalmente de se mover, olhe fixamente a água, e poderá ver a sombra da pessoa que cometeu o roubo. Para poder reconhecê-la mais facilmente quando a vir, você poderá marcá-la em algum ponto da face com a Espada da Arte. Você poderá ver na pessoa este sinal feito cortando a imagem na água.

Como Ver Quem Cometeu um Roubo Usando a Peneira e a Tesoura

Realize esta operação se você suspeita de um conjunto de pessoas, e deseja descobrir qual delas cometeu o roubo.

Pegue a peneira (sem a corda nem as inscrições) e espete na face externa da sua borda as pontas da tesoura aberta. Enfie cada anel da tesoura em um dos polegares, de modo a sustentar a peneira suspensa no ar. Recite então a seguinte prece:

Senhor, que libertastes a casta Susana da falsa acusação de um crime; que salvastes o profeta Daniel da cova dos leões e as três crianças da fornalha em chamas, libertai o inocente e revelai o culpado.

Feito isso, mantendo sempre a mesma posição, repita o procedimento descrito a seguir para cada uma das pessoas suspeitas de ter roubado o objeto em questão.

Pronuncie em voz alta o nome completo da pessoa e diga em seguida três vezes: *Por São Pedro e São Paulo, essa pessoa não fez isso.*

Quando o ritual for cumprido para a pessoa que encomendou ou executou o roubo, a peneira começará a mover-se sozinha, sem que seja possível pará-la, e desta forma o malfeitor ficará conhecido.

CAPÍTULO 7
Sobre as Operações de Invisibilidade e Desaparecimento

Antes de mais nada, desejo que você compreenda que os experimentos aqui descritos não têm como resultado fazer com que uma pessoa realmente desapareça ou perca seu corpo material; seu efeito verdadeiro é garantir que seu executor passe despercebido entre seus inimigos, tornando-o invisível apenas para os sentidos e a atenção dos circunstantes. Desta forma, quem realizar de modo correto esta operação pretendendo entrar facilmente em um recinto, não o conseguirá fazer atravessando suas paredes ou voando sobre seus muros, mas passará por suas portas sem ser notado por quem ali estiver.

Tendo isso bem claro em sua mente, prepare tudo que for necessário para realizar o experimento no momento mais adequado, que será um dia e hora de Saturno, no mês de janeiro, cujos signos também são regidos por este planeta.

Além dos instrumentos comuns do ritual mágico, você irá precisar do seguinte material:

- uma porção de cera virgem em sua cor natural;
- uma agulha;
- um fio dos seus próprios cabelos;
- uma caixinha de pinho que possa ser levada discretamente em seu bolso ou bolsa;
- um retalho de pano branco;
- uma caneta preta;
- um fogareiro de álcool ou uma vela comum presa em um castiçal;
- fósforos.

Depois de fazer todas as preparações necessárias e traçar o Círculo como está descrito no capítulo correspondente, recite a seguinte oração:

Espíritos das sombras, em nome de Deus, que lhes deu a graça do império e poder sobre os homens, executem este trabalho para que eu possa tornar-me invisível. Almiras, mestre da invisibilidade, com todos os seus ministros, eu o conjuro por aquele que faz o Céu e a Terra tremerem, para que esta operação seja perfeitamente realizada de acordo com meu desejo, de modo que, em qualquer momento em que o queira, eu possa tornar-me invisível. Almiras, chefe da invisibilidade, em nome de Deus que fez todas as coisas, eu novamente o conjuro para que venha imediatamente com seus ministros realizar esta operação, afim de que eu possa tornar-me invisível e ninguém seja capaz de ver-me.

Modele com a cera uma pequena imagem humana, que caiba dentro da caixinha. Não use nenhum molde, mas amoleça levemente a cera na chama do fogareiro ou da vela, e modele-a com as mãos.

Feito isso, separe cuidadosamente o crânio da parte inferior da cabeça da imagem. Levantando esse crânio, você deve escrever com a agulha, na parte interna da cabeça, os caracteres mostrados na figura (a). A seguir, recoloque o crânio na posição correta.

(a) *inscrição a ser feita na cabeça da imagem*

(b) *inscrição a ser feita no tecido*

Corte um retalho do tecido de tamanho suficiente para embrulhar a imagem e desenhe nele, com a caneta, a figura (b). Embrulhe a imagem e amarre com o fio de cabelo.

Coloque a imagem no centro do altar e depois de defumá-la com aromas de Saturno, diga a seguinte oração:

Pelo poder dos anjos e espíritos que atuam em nome de Deus, eu te conjuro, imagem de cera, para que, pela virtude desses caracteres e palavras, tu me tornes invisível sempre que eu te levar comigo. Amém.

Ponha a imagem dentro da caixinha e guarde-a em um lugar reservado, que somente você conheça. Toda vez que quiser passar em algum lugar sem ser notado, pegue a caixinha e ponha-a no bolso esquerdo da camisa (de preferência) ou na bolsa, dizendo as seguintes palavras:

Venha comigo e não me deixe enquanto eu não a trouxer de volta.

Quando voltar para casa, guarde novamente a caixinha no lugar secreto, até que necessite dela novamente.

CAPÍTULO 8
Sobre as Operações para Garantir a Vitória sobre Qualquer Adversário

Esta operação mágica poderá favorecê-lo em qualquer tipo de situação em que você precise enfrentar um adversário, como um esporte, uma disputa de qualquer natureza, um concurso ou uma competição no trabalho. Para realizá-la com êxito você precisará, além dos instrumentos usuais da Arte, do seguinte material:

- uma vareta de sabugueiro com cerca de um palmo de comprimento;
- um pedaço de papel de seda branco;
- uma caneta vermelha;
- uma faca;
- uma tesoura para tecido;
- cera;
- fósforos.

Providencie todo o material e prepare-se para realizar o experimento em uma sexta-feira do mês de fevereiro, em uma hora de Júpiter. Para começar, trace o Círculo da Arte e conjure os espíritos como já aprendeu a fazer. Feito isso, comece a operação mágica propriamente dita.

Com a faca, escave cuidadosamente um pequeno buraco em cada uma das extremidades da vareta. Guarde as sobras de madeira, pois você as utilizará em seguida.

Recorte duas tiras bem pequenas do papel. Em cada uma delas escreva o caracter e a palavra mostrados na figura.

Ponha cada um desses papeizinhos dentro de uma das aberturas feitas na vareta. Feche o orifício com um pouco das rebarbas de madeira e pingue cera derretida para selar a abertura.

Defume o bastão três vezes com um defumador do elemento ar. Depois guarde-o em um lugar oculto.

Quando quiser anular o poder de uma pessoa que possa estar competindo com você, disputando alguma coisa ou tentando derrotá-lo, pegue a varinha e coloque-a exposta em algum lugar por onde essa pessoa passe. Quando ela passar diante do bastão, poderá perder a esperança de vencer você em qualquer assunto nesse dia.

Lembre-se de pegar a varinha logo após a passagem da pessoa, guardando-a em seguida no lugar oculto. Desta forma, poderá usá-la novamente sempre que precisar.

CAPÍTULO 9
Sobre as Operações para Obter Riqueza, Prosperidade e Fartura

Eu já lhe disse que a terra é habitada por seres espirituais chamados gnomos. Esses espíritos sabem onde estão todos os tesouros ocultos da terra. Mas você precisa entender o que pretendo dizer quando falo dos tesouros dos gnomos. Nos tempos antigos, as pessoas imaginavam que esses espíritos as levariam até uma caverna ou um lugar ermo onde haveria uma mina de ouro, uma jazida de diamantes ou um grande cofre cheio de jóias valiosas. Mas isso é uma ilusão. Os verdadeiros tesouros dados pelos espíritos da terra são resultantes do trabalho: o dinheiro, os alimentos, a casa, os bens de que você pode desfrutar e que lhe dão conforto.

Quando uma pessoa tenta apoderar-se desses tesouros, geralmente é molestada pelos gnomos, não porque eles sejam avarentos mas, ao contrário, porque não apreciam a ganância. Entretanto, se você conseguir atrair a boa vontade desses seres, se eles se tornarem seus amigos e, sobretudo, se ficarem convencidos das suas boas intenções, eles ficarão felizes em fazê-lo compartilhar de suas riquezas.

Como Realizar a Operação

Você vai precisar do seguinte material:

- um pedaço de fita amarela que possa ser amarrado em torno de seu punho;
- uma caneta preta.

Num domingo entre 10 de julho e 20 de agosto, antes de o Sol nascer, com a Lua no signo de Leão, tendo-se preparado adequadamente, vá para seu lugar secreto. Trace o Círculo e defume os quatro quadrantes com os aromas apropriados dos elementos correspondentes. Acenda uma vela no centro do altar e recite a seguinte prece:

Príncipe dos príncipes, Existência das existências, tende piedade de mim e voltai Vossos olhos para este Vosso servo que Vos invoca muito devotamente e suplica que por Vosso santo nome sejais propício ao meu desejo e ordeneis aos Vossos anjos e espíritos que venham a este lugar. Anjos e espíritos das estrelas, anjos e espíritos dos elementos, anjos e espíritos presentes diante da face de Deus, eu os conjuro, em nome de Deus, venham ajudar-me. Amém.

NOPA  O PADOUS

Desenhe na fita os caracteres mostrados na figura e escreva ao lado aquilo que deseja, de forma bem resumida. Seja bem claro e específico. Se estiver precisando de um aumento no salário, escreva isso, procurando indicar o valor aproximado que tem em mente. Se estiver precisando de uma quantia específica para uma despesa extra, escreva de quanto precisa e, em uma palavra, qual é a finalidade. Se estiver querendo algum bem, como uma casa, um móvel, um relógio ou outro objeto qualquer, cite-o apenas: você poderá ganhá-lo ou trocá-lo, sem precisar de dinheiro extra.

Faça as conjurações, apresente seu pedido aos espíritos e amarre a fita em seu punho esquerdo. Para encerrar o ritual, despeça-se dos gnomos com a seguinte oração:

Bons e afortunados espíritos, agradeço os benefícios que recebi de sua bondade e liberalidade. Vão em paz governar os elementos que Deus destinou para sua morada.

Mantenha a fita no punho até obter o que deseja. Quando seu desejo se realizar, prepare uma oferenda de agradecimento para os espíritos que o atenderam e aproveite o ritual para queimar a fita na vela acesa no altar.

CAPÍTULO 10
Sobre as Operações de Amor e Amizade

Para Tornar-se Atraente

Prepare-se para a operação mágica conforme os preceitos da Arte, providenciando o seguinte material:

- um pedaço pequeno de papel branco;
- um saquinho de seda cor-de-rosa;
- uma caneta vermelha;
- um pote transparente pequeno;
- algumas rosas cor-de-rosa;
- benjoim em pó.

Trace o círculo no dia e na hora adequados, que são os de Vênus. Perfume o ambiente com os defumadores, asperja com a água e o hissope, e acenda a vela do altar.

Recite a seguinte oração:

Senhor Todo Poderoso, Vós que fizestes todas as coisas com Vossa misericórdia e justiça, concedei que esse experimento seja bem-sucedido e perfeito, para que a luz que emana do Vosso santíssimo trono possa obter-me o que desejo. Amém.

Escreva no papel seu nome e o da pessoa de quem deseja despertar simpatia, amizade ou amor em relação a você. Perfume o papel com o defumador aceso.

A seguir, faça a conjuração dos espíritos. Quando eles se apresentarem, peça-lhes que atendam ao seu pedido. Coloque o papel dentro do saquinho de seda, apresente-o aos gênios presentes e peça novamente sua proteção. Depois despeça-os segundo a fórmula da Arte.

Coloque o saquinho dentro do pote cheio com as pétalas das rosas misturadas com uma pitada de benjoim. Deixe-o guardado em um lugar secreto por um dia e uma noite. Passado esse tempo, retire o saquinho do pote e guarde-o consigo.

Sempre que quiser obter a simpatia ou o afeto de alguém, leve esse saquinho com você ao ir encontrar essa pessoa. Quando estiver diante dela, segure o saquinho escondido na mão direita e faça seu pedido aos espíritos. Quando chegar em casa, guarde o saquinho, até que precise dele novamente.

Amarraçao

A amarração é um tipo de magia amorosa que utiliza símbolos de Vênus, que representa atração e ternura, e de Marte, que simboliza paixão e conquista.

Para realizar uma operação de amarração, você precisará do seguinte material:

- um pedaço de fita, cordão, lã ou linha verde ou cor-de-rosa, se desejar promover ternura, afeto, harmonia ou amor romântico; ou vermelha, se sua intenção for paixão e sexo;

- dois objetos que representem as pessoas que você deseja unir: um casal de bonecos, duas velas, dois papéis com os nomes escritos, dois corações, dois cristais ou qualquer outro símbolo que você decida usar.

Realize a operação em um dia e hora de Marte ou Vênus, com a Lua no Quarto Crescente. Depois de fazer todas as preparações necessárias, trace o Círculo da Arte e perfume-o com defumadores do planeta regente da hora. Conjure os espíritos desse planeta, pedindo-lhes que favoreçam sua intenção. A seguir, pegue os dois objetos e designe cada um pelo nome de uma das pessoas. Em seguida, amarre-os bem unidos, dando várias voltas com a fita ou fio e terminando com um nó bem firme. Enquanto faz isso, peça repetidamente aos espíritos que unam essas pessoas pelo sentimento que você pretende que exista entre elas: amor, paixão, amizade, concórdia e assim por diante.

Guarde a amarração em um lugar oculto, enquanto quiser manter essas pessoas unidas. Se algum dia quiser separá-las, ou se elas estiverem se separando e for necessário libertá-las desse vínculo para que elas possam reconstruir suas vidas, realize outra operação segundo todos os preceitos da Arte, mas em um dia e hora de Saturno. Desamarre a fita, separando os objetos, e queime-a; se tiver usado papel ou outro material inflamável para representar as pessoas, queime-o também. Se tiver empregado objetos que deseja conservar, limpe-os e exorcize-os antes de guardar.

CAPÍTULO 11
Sobre as Operações para Obter Proteção em uma Viagem

Neste capítulo você vai aprender um dos grandes segredos dos antigos magos: a braçadeira mágica com a qual eles obtinham a proteção dos espíritos angelicais durante suas viagens. Segundo os seus relatos, o poder dos nomes sagrados escritos nessa braçadeira é tal que seu possuidor é protegido de qualquer perigo ou inimigo que possa ameaçá-lo, além de adquirir uma facilidade tão grande para viajar, que dessa magia surgiu a lenda acerca dos magos que voavam instantaneamente entre um lugar e outro.

O material necessário é o seguinte:

- um retalho de couro macio;
- uma caneta vermelha;
- uma tesoura;
- um perfurador para couro;
- um fio de palha;
- uma agulha de tapeçaria;
- uma fita métrica;
- um pequeno galho de mangueira colhido em um dia 25 de junho, o mesmo dia em que você vai realizar a operação de consagração do material.

Corte no couro duas tiras com comprimento suficiente para fazer uma braçadeira que encaixe no seu braço, acima do cotovelo. No lado que ficará em contato com a pele, desenhe a inscrição mostrada na figura. Feche as tiras em forma de anel, costurando-as com a palha. Em uma hora de Mercúrio, nesse mesmo dia, faça o Círculo da Arte e consagre as braçadeiras e o galho, conjurando os espíritos e exortando-os a transferir para esses objetos seus poderes de velocidade e astúcia.

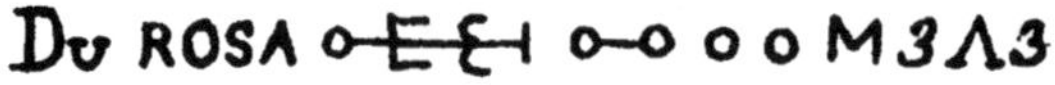

Quando quiser usar as braçadeiras, pegue-as um pouco antes do amanhecer e asperja-as com água consagrada. Feito isso, coloque uma em cada braço. A seguir, pegue o ramo de mangueira. Fique de frente para a direção aonde pretende ir e escreva com o ramo o nome do lugar no chão. Comece então sua jornada, que será realizada rapidamente e sem fadiga, como se você estivesse voando.

Quando quiser parar, diga a palavra **Amech** e fustigue o ar com o galho. Imediatamente você voltará a sentir-se de modo habitual.

CAPÍTULO 12
Sobre as Operações para Obter Proteção contra Logros, Fraudes e Trapaças

Para realizar esta operação, você irá precisar, além dos instrumentos essenciais da Arte, do seguinte material:

- um pedaço quadrado de couro, com cerca de 5 cm de lado;
- uma caneta marcadora de tinta permanente preta;
- compasso;
- lápis comum (preto número 2);
- borracha macia;
- tesoura para artesanato;
- estilete (buril) ou perfurador;
- o modelo do quinto pantáculo de Saturno
(que você encontra no capítulo correspondente);
- um saquinho de seda preta, com 5 cm de lado, fechado por um fio fino;
- um pedaço de cordão de seda preto.

Faça seu pantáculo numa sexta-feira em que a Lua esteja Minguante, em uma hora de Saturno. Usando o lápis, marque o centro do pedaço de couro e trace nele um círculo um pouco para dentro de suas bordas. Seguindo o modelo, desenhe por dentro desse círculo todo o traçado do pantáculo. Faça esse primeiro traçado a lápis, bem levemente, para poder corrigir qualquer erro que cometa. Observe pelo modelo qual é o lado superior do pantáculo e, nessa direção, marque um ponto por fora do círculo externo do desenho. Com o estilete ou o perfurador, faça um orifício redondo nesse ponto, de diâmetro suficiente para enfiar o cordão. Usando novamente o compasso, trace um círculo por fora desse orifício.

Tendo terminado o desenho, faça o seu traçado definitivo com a caneta. Só não passe a tinta sobre o último círculo que traçou: ele serve apenas como guia para que você recorte o pantáculo, o que você fará assim que acabar de pintá-lo. Depois de recortar a medalha, enfie o cordão no orifício, de modo que possa pendurá-la no pescoço. O melhor modo de fazer isso é o seguinte: dobre o cordão no meio e passe essa parte dobrada pelo orifício da medalha, formando uma laçada. Passe as pontas do cordão por dentro dessa laçada e aperte-a de modo a ajustá-la na medalha. Junte as extremidades do cordão dando um nó bem próximo das pontas.

Estando tudo pronto, guarde o pantáculo junto com o saquinho para consagrá-los no dia seguinte, sábado, em uma hora de Saturno. Depois de traçar o Círculo, conjure os espíritos recitando a seguinte oração:

Venham depressa, espíritos que amam os momentos e lugares onde são praticados todos os tipos de logros e trapaças; vocês que escondem as coisas cobiçadas e tornam invisíveis aqueles que são ameaçados por algum perigo, fazendo com que eles não sejam vistos ou ouvidos; e vocês que criam imagens capazes de enganar os sentidos, fazendo com que uma pessoa veja o que não existe. Venham agora, tomem-me sob sua proteção e consagrem este encantamento, de acordo com o poder que Deus lhes deu, de modo que eu me torne imune a todos esses logros e que ninguém possa usar seus poderes contra mim.

Apresente o pantáculo aos espíritos conjurados. Consagre-o com os poderes dos quatro elementos, aspergindo-o com a água exorcizada misturada com sal, aromatizando-o com um defumador de Saturno e passando-o rapidamente pela chama da vela do altar. Enquanto faz cada um desses procedimentos, recite a seguinte oração:

Espíritos do elemento (...), emprestem seu poder e virtude a essa medalha, para que ela possa proteger-me de todos os tipos de logros e trapaças.

Depois de encerrar a operação segundo os preceitos da Arte, coloque o pantáculo dentro do saquinho, deixando de fora o cordão, e guarde-o em um lugar secreto e seguro. Sempre que desejar proteger-se contra a possibilidade de fraudes e logros, pendure o pantáculo no pescoço e use-o escondido por dentro da roupa enquanto estiver na situação de perigo. Chegando em casa, guarde novamente a medalha, para que possa usá-la sempre que precisar.

CAPÍTULO 13
Sobre as Operações para Interrogar os Espíritos

Quando a Lua estiver Cheia e no signo de Capricórnio, em uma hora do Sol, faça uma manta quadrada de tecido branco, grande o suficiente para que você a use como um manto que cubra seu corpo da cabeça aos pés. Exorcize-a e consagre-a conforme a Arte, recitando a seguinte oração:

Deus Todo Poderoso, que sois a vida do universo e que governais as quatro divisões de sua vastidão pelo poder e virtude das quatro letras do Vosso santo nome, abençoai esta cobertura como abençoastes o manto de Elias, de modo que, coberto por ela, eu não seja atingido por nenhum mal.

Feito isso, guarde o manto para quando precisar dele.

Interrogando os Espíritos com o Cajado

Quando quiser interrogar os espíritos, escolha uma noite de Lua Nova ou Cheia, em um dia e hora de Mercúrio, com a Lua e o Sol em um signo de ar ou terra. Além dos instrumentos essenciais da Arte, você precisará do seguinte material:

- uma tira de papel azul;
- uma caneta preta;
- seu manto mágico.

Na véspera da noite escolhida, escreva na tira de papel os caracteres mostrados na figura.

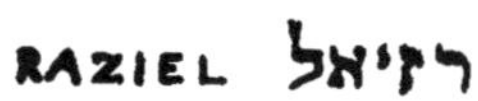

Na hora adequada, depois de traçar o Círculo da Arte e fazer as conjurações, ponha o manto sobre a cabeça de modo que ele cubra seu corpo todo. Coloque no centro do círculo a tira de papel, seu cajado mágico, o defumador ainda apagado e os fósforos.

Acenda o defumador e imediatamente ajoelhe-se no chão, tendo o cuidado de ficar totalmente coberto pelo manto. Com a mão esquerda, segure o cajado na posição vertical, com a ponta pousada no chão, e apoie o queixo sobre ele. Com a mão direita, segure a tira de papel contra a testa e recite a seguinte oração:

Deus Todo Poderoso, enviai-me a inspiração da Vossa luz. Fazei com que eu descubra o segredo sobre o qual Vos faço esta pergunta. Seja qual for minha dúvida, fazei com que eu encontre a resposta com o auxílio de Vossos santos arcanjos; assim como sois a verdade eterna, dai-me o conhecimento das coisas ocultas. Amém.

Então você escutará nitidamente a resposta à sua indagação.

Interrogando os Espíritos com o Livro

Depois de ter conjurado os espíritos a prestarem juramento ao seu livro, use-o sempre que quiser consultá-los sobre qualquer assunto. Para fazer este tipo de operação, escolha a noite de uma quinta-feira ou um domingo. Não trabalhe durante o dia, pois os espíritos são seres noturnos e ficam arredios durante as horas diurnas.

Trace o Círculo da Arte. Coloque-se no seu centro. Tendo o livro nas mãos, conjure os espíritos, ordenando-lhes que venham até você em respeito ao juramento que fizeram ao livro. Se fizer isso com firmeza e correção, os espíritos apresentar-se-ão diante de você, prontos a atendê-lo.

Depois de terminar a consulta, encerre o cerimonial segundo as regras que já aprendeu anteriormente.

CAPÍTULO 14
Sobre as Operações Relacionadas a Assuntos Diversos

Nos capítulos anteriores, nós falamos a respeito dos experimentos e operações mais comuns, que são mais freqüentemente postos em prática pelo mago. Neste último capítulo trataremos de experimentos extraordinários e pouco usuais, que não podem ser classificados em um dos grupos anteriores. Para realizar essas operações, a Lua deve estar em um signo de ar (Gêmeos, Libra ou Aquário). O tempo entre a Lua Nova e a Cheia é próprio para a realização de experimentos de construção e operação relativos a qualquer assunto. Durante o seu decréscimo, desde a Lua Cheia até a metade do Quarto Minguante, o tempo é bom para operações relacionadas a assuntos de guerra, perturbação e discórdia. O período em que a Lua está quase privada de luz é próprio para experimentos de afastamento e eliminação.

Respeite inviolavelmente a seguinte regra: não comece nada enquanto a Lua está em conjunção exata com o Sol (no dia da Lua Nova), visto que esse momento é extremamente infortunado e nele você não será capaz de fazer nada; mas quando a Lua sair do campo dos raios solares e sua luminosidade aumentar, você poderá fazer tudo o que quiser, desde que observe as diretrizes deste capítulo.

Para realizar uma operação de qualquer natureza, você precisará apenas escolher um dia e uma hora regidos pelo planeta cujos espíritos têm fami-liaridade com o assunto em questão.

Uma Operação Muito Simples

Além dos instrumentos comuns para uma operação mágica, você necessitará de um pedaço de papel virgem no qual escreverá seu desejo.

Se for trabalhar à noite, faça todos os preparativos na noite precedente. Se a operação for realizada durante o dia, faça os preparativos no dia anterior. Seja qual for a hora escolhida, deixe tudo pronto para começar o trabalho no momento adequado.

Como nenhum experimento mágico ou conjuração de espíritos pode ser realizado sem a preparação de um círculo mágico, este será sempre seu primeiro passo. Construa o Círculo da Arte e, estando com tudo preparado, recite a seguinte oração:

Deus Todo Poderoso que criastes todas as coisas, e que nos destes discernimento e compreensão do bem e do mal, pelo poder do Vosso santo nome, fazei com que este experimento seja bem-sucedido e protegido por Vosso santo selo. Por Deus nosso Senhor, que vive e reina eternamente por todos os séculos dos séculos. Amém.

Feito isso, purifique o templo com o aroma do defumador e com aspersões da água exorcizada. Em seguida, conjure os espíritos e faça-lhes seu pedido que estará escrito no papel. Complete o ritual queimando esse papel na vela do altar e colocando suas cinzas em um lugar adequado aos espíritos que conjurou, como está indicado no capítulo sobre as oferendas.

Ligaduras

Dois tipos de encantamentos muito especiais, que utilizam fios para prender objetos, são as ligaduras e as amarrações. Observe que esses termos, embora pareçam ser sinônimos, referem-se a práticas diferentes. A amarração foi descrita no capítulo referente às operações para obter amor; agora você aprenderá a fazer as ligaduras.

Na ligadura, um material representativo de um planeta é preso por um fio a um objeto que representa a entidade, situação ou matéria para a qual o mago deseja atrair a força e virtude planetária correspondente. Por exemplo, para aplicar a virtude de Marte a um ser vivo, o operador pode unir com um fio vermelho um pedacinho de ferro e um papel com o nome do ser ou seu retrato.

Você pode considerar que:

Saturno – dá firmeza, solidez, durabilidade e segurança; atende a desejos de proteção, preservação e recuperação da saúde, aquisição de imóveis, preservação dos bens e afastamento de inimigos.

Júpiter – favorece crescimento, expansão, ascensão e confiança; é adequado para quem deseja riqueza, conforto, fartura, crescimento espiritual e intelectual.

Marte – dá coragem, vigor, competitividade e agressividade; favorece a sexualidade dos homens, a paixão, as lutas, os esportes e as disputas em geral.

Sol – dá dignidade, poder, generosidade e vitalidade; favorece a obtenção de posições de autoridade e liderança, a cura de doenças, a conquista de honrarias e reconhecimento social.

Mercúrio – dá esperteza, habilidade, mobilidade e velocidade; favorece o estudo, os negócios e as habilidades técnicas, além de favorecer mudanças e acelerar qualquer acontecimento.

Vênus – dá ternura, sedução, elegância e beleza; favorece o romance, a sexualidade feminina, a harmonia entre amigos e parentes, e todas as atividades ligadas a arte, estética e diplomacia.

Lua – dá flexibilidade, fecundidade, compaixão e sensibilidade; rege todos os assuntos femininos e domésticos, favorece mudanças e ajuda a organizar rotinas.

Seu primeiro cuidado deverá ser determinar qual é o planeta regente da operação em questão, conforme você já aprendeu anteriormente. Sabendo isso, você poderá escolher um dia e uma hora desse planeta para realizar a operação. Preste atenção também na posição da Lua, para que ela seja favorável para o tipo específico de operação.

Você precisará do seguinte material:

- um símbolo do seu desejo, que pode ser um pedaço de papel com uma palavra ou frase escrita, uma figura (desenho, foto etc.) ou uma miniatura representativa;
- um pequeno objeto que represente a virtude do planeta capaz de realizar seu desejo, como por exemplo um pedacinho do metal do planeta, uma pedra planetária ou um retalho de tecido na sua cor, com a qual embrulhará o símbolo do desejo;
- um pedaço de fio na cor do planeta.

No dia e hora escolhidos para realizar a operação, trace o Círculo e conjure os espíritos do planeta, pedindo que coloquem seu poder e virtude no material usado na ligadura. Una o símbolo do seu desejo com o do planeta e amarre-os bem juntos, dando várias voltas com o fio e prendendo-o no final com um nó bem firme.

Gualde a ligadura em um local secreto e seguro por todo o tempo que for necessário. Depois que tiver obtido o que pediu, você poderá desfazer a ligadura, queimar os materiais perecíveis e limpar os que possam ser reutilizados.

PALAVRAS FINAIS

Aqui termina a nossa Chave. Se você fez com que ela penetrasse totalmente em sua mente, será agora capaz de fazer tudo o que desejar, voando nas asas da magia. Mas se você lhe deu pouca atenção e desprezou este Livro, nunca atingirá seu objetivo em qualquer experimento ou operação mágica que tente realizar, porque este Livro contém toda a ciência da Arte Mágica e por isso deve ser estritamente guardado e seguido por você.

Este é o final da nossa Chave, em nome de Deus Todo Poderoso, misericordioso e eterno, que vive e reina por todos séculos dos séculos. Amém.

Este livro foi impresso em novembro de 2015,
na Gráfica Impressul, em Jaraguá do Sul, para a Pallas Editora.
O papel de miolo é o offset 70g/m² e o de capa é o cartão 250g/m².